ISBN 978-0-428-99996-4
PIBN 10430725

QUAESTIONES DEMOSTHENICAE.

COMMENTATIO PHILOLOGICA

AB AMPLISSIMO ORDINE PHILOSOPHORUM
GOTTINGENSIUM

NON. IUN. A. MCMVII

REGIO PRAEMIO CORONATA

QUAM SCRIPSIT

CURTIUS STAVENHAGEN.

GOTTINGAE
TYPIS EXPRESSIT OFFICINA ACADEMICA DIETERICHIANA
(W. FR. KAESTNER)
MCMVII.

Thema der Preisaufgabe:

Quo modo Demosthenis orationes VIII IX X inter se conexae et temporibus distinctae sint, quaeritur.

Das Urteil der Fakultät lautete:

Der Verfasser hat sich nicht an das Thema gebunden, sondern geht mit beachtenswerter Energie daran die Chronologie der Demosthenischen Reden von der 6. bis zur 10. neu zu fundamentieren; auch den Brief Philipps versucht der Verfasser anders zu datieren als es bisher geschehen ist. Über das Verhältnis der 10. zur 8. Rede handelt er nur kurz, aber recht scharfsinnig. Die z. T. sehr kühnen Aufstellungen des Verfassers sind keineswegs alle richtig, mehrere ohne Weiteres abzuweisen: aber er hat zum Mindesten das Verdienst die vulgäre Chronologie der 8. bis 10. Rede mit sehr triftigen Gründen angefochten und eine andere an die Stelle gesetzt zu haben, die zu widerlegen schwer sein dürfte. Dagegen ist die Auffassung des Verhältnisses der 3 Reden zu einander nicht glücklich. Die lateinische Form ist knapp, klar, im Wesentlichen korrekt; der Verfasser weiß was er will und geht frisch auf sein Ziel los: Das beeinflußt auch den Stil. Trotz aller Mängel verrät die Arbeit eine entschiedene Begabung wissenschaftlich zu combinieren und zu beweisen und eine bei Anfängern nicht gewöhnliche Unerschrockenheit im Aufspüren der Probleme, so daß die Fakultät nicht umhin gekonnt hat ihr den vollen Preis zuzuerkennen.

PARENTIBUS OPTIMIS.

S.

Argumentum.

I. De Demosthenis orationibus VIII et IX.

Schaeferus Dionysium Halicarnassensem[1]) secutus Demosthenis orationes VIII et IX anno 342/1 habitas esse censet[2]). Suo tamen iure E. Schwartz[3]) dicit: Ich muß darauf bestehn, daß man sich klar macht, worauf diese Überlieferungen beruhen. Keine attische Chronik hat die Reden des Demosthenes als solche datiert. Die großen Prozeßreden, wie die über Aeschines Gesandtschaft und über den Kranz waren leicht zu bestimmen, weil die Prozesse als wichtige Staatsereignisse überliefert waren. Mit der Androtiana, Timokratea, Leptinea, Aristokratea ist die Sache schon anders, und das jetzt herrschende bedingungslose Zutrauen in Dionys Angaben nicht gerechtfertigt. Noch schlimmer steht es mit den Staatsreden; hier blieb den alten Kritikern nichts übrig, als das Datum aus der historischen Interpretation der Rede zu gewinnen. Dabei verfielen sie nur zu leicht in den verhängnisvollen Irrtum, zu meinen, daß Demosthenes Vorschläge als Tatsachen in der Chronik auftauchen müßten. Die Bestimmung der olynthischen Reden durch Dionys ist paradigmatisch für alle seine Datierungen.

Schwartzium rem recte perspexisse ex Didymi *περὶ Δημοσθένους* libro[4]) apparet. Cum grammaticis veteribus ex ipsis orationibus, quo anno quaeque habita esset, coniciendum esset, non miramur, quod orationis X annum triplici modo constitutum esse nunc discimus. Dionysium orationem X Nicomacho eponymo (341/0) habitam esse putavisse notum est. Alii grammatici orationem Sosigene eponymo (342/1) habitam esse censebant[5]). Col. 1, 53 sqq. Didymus oppugnare videtur grammaticum, qui orationem X anni 340/39 esse coniecit. Didymum ipsum orationem X anno 341/40, ut Dionysium, habitam esse ratum esse ex verbis col. 1, 30 sq. apparere videtur[6]).

---

1) ep. ad Amm. 1, 10. 2) Dem. u. seine Zeit II² 467.
3) Festschrift für Mommsen p. 31 sqq.
4) col. 1, 66 sqq. et 10, 13 sqq. 5) Did. col. 2, 2.
6) Ex verbis, quae sunt (col. 2, 2) *ἔνιοι δέ φασι τὸν λόγον ἐπὶ Σωσιγένους συντετάχθαι*, Didymum orationem anni 342/1 esse non putavisse apparet. Si Foucart et Crönert (Mus. Rhen. 62, 380) lacunam col. 1,51 sqq. recte exple-

Quamobrem Dionysius orationem VIII anno 342/1 Sosigene eponymo habitam esse putaverit, conicere posse videmur. Legit enim grammaticus apud Philochorum[1]) Athenienses mense *Σκιροφοριῶνι* anni 342/1 Oreum et anno 341/0 Eretriam imperio tyrannorum liberavisse. Cum Demosthenes in oratione VIII, 35 sqq. (cf. 74 sqq.) Athenienses gravissime incuset, quod Euboeam insulam Philippo bellum contra Thraces gerente nondum liberaverint, suo iure grammaticus orationem VIII ante *Σκιροφοριῶνα* mensem anni 342/1 habitam esse conclusit; neque tamen recte Athenienses a Demosthene oratione VIII ad Euboeam liberandam inflammatos esse coniecit, ut videtur. Quoquo modo res se habet, propter ea, quae attuli, neminem puto dubitaturum esse Schwartzio assentiri, qui dicit: Das allein Methodische ist bei einer solchen Sachlage, die gesamten Kombinationen des Dionys zunächst beiseite zu schieben und zu versuchen, die Rede aus sich selbst zu bestimmen; wenn das nicht geht, ist auf ein sicheres Resultat zu verzichten. Quamobrem denique ad ipsam rem accedamus.

Quomodo res se habebant, cum Demosthenes orationem VIII scripsit? Philippus rex undecimum mensem in Thracia versatus[2]) summis molestiis ac laboribus susceptis hibernavit[3]). Diopithes, ut cleruchos Athenienses in Chersoneso adiuvaret, Cardianis bellum intulit (VIII 6), Philippusque se Cardianis auxilium latum esse concessit[4]). Quo anni tempore oratio habita sit, ex § 14 et 18 apparet: venti illi, qui magnam partem aestatis in mari Aegaeo flare solent, quos Graeci etesias appellabant, exspectantur.

Fere eodem modo res in oratione IX describuntur. Philippum in Thracia versantem[5]) epistulam, qua se auxilium Cardianis tulisse scripsit, misisse[6]) Demosthenes dicit.

Quo ergo anno orationes scriptae sunt, vel potius, quo tempore Philippus cum Thracibus, Athenienses cum Cardianis bellum gesserunt?

Diodorus[7]) narrat anno 343/2 Cersobleptem urbes Graecas ad Hellespontum sitas aggressum terram vastavisse. Qua de causa Philippum magno cum exercitu in Thraciam invasisse, barbaris victis stipendia imposuisse, animos feroces coloniis conditis fregisse, cum Graecis foedera iniisse. Schaeferus[8]) Diodorum hoc loco bellum anno 346 gestum narrare censet. Cum autem Diodorus c. 69 de bello Illyrico et de Thessalia subacta retulerit, capite 71 nihil nisi tertium bellum a Philippo contra Thraces gestum (secundum Diodorum anno 343/2) narrare potuit.

---

vissent: (*οὐκοῦν ὅτι μ(ὲν) [οὐχ ὕστερον γέγ]ραπτα[ι τῆς Σωσιγέν]ους ἀρχῆς ὁ λόγ[ος μὴ ὅτι με]τὰ Νικόμαχον ἤδη ἱκανῶς ἑώραται*, orationem ante annum 342/1 Phythodoto eponymo habitam esse arbitratus esset, quod equidem credere non possum.

1) cf. Did. col. 1,15 sqq. 2) VIII 2. 3) 35. 4) VIII 16; 64.
5) IX 17, 27, 34. 6) IX 16. 7) XVI 71. 8) II² 446, 1.

At non sine certa causa hebeti compilatori diffidimus, praesertim cum, quem librum XVI conscribens secutus sit, nesciamus[1]) Sed id, quod narrat, scholio quodam Aeschineo confirmatur[2]). Ἀθηναῖοι ἐπὶ Πυθοδότου ἄρχοντος τῷ β' ἔτει τῆς ρθ' Ὀλυμπιάδος Φιλίππου βασιλεύοντος ἔτος ιη' ὑποπτευομένης λυθήσεσθαι τῆς πρὸς Φίλιππον εἰρήνης ἔπεμψαν πολλαχοῦ τῆς Ἑλλάδος πρεσβείας περὶ συμμαχίας καὶ εἰς Θετταλίαν καὶ Μαγνησίαν τοὺς περὶ Ἀριστόδημον ἀποστῆσαι αὐτοὺς βουλόμενοι ἀπὸ Φιλίππου. ἐγένοντο μὲν οὖν αὐτοῖς τότε σύμμαχοι Ἀχαιοί, Ἀρκάδες οἱ μετὰ Μαντινέων, Ἀργεῖοι, Μεγαλοπολῖται, Μεσσήνιοι· πόλεμος δ' αὐτοῖς ἐγένετο τότε πρὸς Καρδιανούς, οἷς ἐβοήθησε Φίλιππος. Si scholiastae fidem habere possimus, Diodori narratio confirmetur. Nam cum ex Demosthene appareat bellum contra Cardianos ab Atheniensibus gestum esse eodem tempore, quo bellum contra Thraces a Philippo, rex Macedonum eponymo Phythodoto in Thracia cum exercitu versatus est. At Schaeferus in annalibus Fleckeisenianis[3]) dicit: Dieses Scholion ist geeignet, uns zu warnen, auf die Angaben des Scholiasten unbedingt zu vertrauen. Denn das Tatsächliche darin ist nichts anderes, als daß die Athener in dem angegebenen Jahre Demosthenes und andere Gesandte in den Peloponnes sandten. Deren Bemühungen waren nicht unnütz (οὐδ' ἄχρηστον Dem. Phil. III 72), aber ein Bündnis brachten sie nicht zu Wege. II² 497, 2 dicit vir doctus foedera eo tempore icta esse, cum bellum contra Philippum exarserit i. e. anno 340 (II² 482).

Cum iis, quae de foederibus ab Atheniensibus cum Peloponnesiis ictis scholio narrantur, nixi accurate, ut videbimus, demonstrare possimus, quando orationes habitae sint, aegerrime ferremus, si scholiastae nulla fides habenda esset. Sed res perquirenda est.

Quo tempore res a scholiasta narratae factae sint, et nominibus eponymorum Atheniensium additis et annis ex Olympiadum ratione numeratis et annis a Philippi regni initio praeteritis significatur. Cum Philippus anno 360/59 eponymo Callimede i. e. primo 105. Olympiadis anno rerum potitus sit[4]), Pythodoto ergo eponymo (343/2) secundo 109. Olympiadis anno duodevicesimum annum imperium teneret, tempora scholii inter se congruunt.

Cum multis scholiis Aeschineis nomina eponymorum ascripta sint[5]), tria exstant scholia simili modo ac schol. ad 3,83 significata, quorum duo liceat afferre[6]). Fortasse enim, cuius auctoris sint, divinare possumus. In scholio ad Aesch. 3, 85 de Mnesarchi filiis scriptum legimus:

1) Schwartz P—W. V 682. 2) ad 3, 83 ed. F. Schultz.
3) vol. 93 p. 27. 4) Schaefer II² 16, Schwartz l. c. p. 7.
5) 1, 53; 2, 31; 2, 75; 2, 175, quo loco etiam Olympiadum ratio additur.
6) Tertium est ad 3, 51 ascriptum.

οἱ δ' υἱοὶ αὐτοῦ Καλλίας καὶ Ταυροσθένης μετὰ Κηφισοφῶντος τοῦ στρατηγοῦ τῶν Ἀθηναίων δυνάμεως στρατεύσαντες ἐπ' Ὠρεὸν Φιλιστίδην τὸν τύραννον ἀπέκτειναν ἐπ' ἄρχοντος Σωσιγένους (ὡσίπποι codd.) μηνὶ Σκιροφοριῶνι Φιλίππου βασιλεύοντος ἔτος ιθ̄. Et scholion Aeschineum et narratio Characis (apud Stephanum s. v. Ὠρεός) ex Philochori annalibus libris fluxisse verisimile est, quod ex nomine mensis, quo res gestae sunt, addito apparere videtur: Did. col. 1, 13 sqq. περὶ μὲν γὰρ τῆς πρὸς Ὠρεὸν γενομένης βοηθείας προθεὶς ἄρχοντα Σωσιγένη φησὶ (Philochorus) ταῦτα· συμμαχίαν Ἀθηναῖοι πρὸς Χαλκιδεῖς ἐποιήσαντο καὶ ἐλευθέρωσαν Ὠρείτας μετὰ Χαλκιδέων μηνὸς Σκιροφοριῶνος Κηφισοφῶντος στρατηγοῦντος, καὶ Φιλιστίδης ὁ τύραννος ἐτελεύτησε. In eo, quod et Didymus et scholiasta alter altero plura affert, nihil offensionis inest. cf. Philochori frgm. 135, quod et apud Didymum col. 11, 40 sqq. et apud Dionysium (ep. ad Amm. 1, 11 p. 741) conservatum est. Multo certius de alio quodam scholio Aeschineo iudicari potest. Multa enim fere verbo tenus apud scholiastam repetita occurrunt:

Philoch. (Did. 1, 19 sqq.).	schol. Aesch. III 103.
ἐπὶ τούτου (sc. Νικομάχου) οἱ Ἀθηναῖοι διέβησαν εἰς Ἐρέτριαν Φωκίωνος στρατηγοῦντος καὶ κατάξοντες τὸν δῆμον ἐπολιόρκουν Κλείταρχον, ὃς πρότερον μὲν ἀντιστασιώτης ἦν Πλουτάρχου καὶ διεπολιτεύετο πρὸς αὐτόν, ἐκείνου δ' ἐκπεσόντος ἐτυράννησε. τότε δ' ἐκπολιορκήσαντες αὐτὸν Ἀθηναῖοι τῶι δήμωι τὴν πόλιν ἀπέδωκαν.	ἐπ' ἄρχοντος Νικομάχου Φιλίππου βασιλεύοντος ἔτος εἰκοστὸν Ἀθηναῖοι στρατεύσαντες εἰς Εὔβοιαν Φωκίωνος στρατηγοῦντος τόν τε τύραννον τῶν Ἐρετριέων Κλείταρχον ἀπέκτειναν καὶ τὴν πόλιν τοῖς Ἐρετριεῦσι παρέδωκαν καὶ δημοκρατίαν κατέστησαν.

Cum et hoc scholion et schol. ad Aesch. 3, 85 ascriptum ex Philochori annalibus libris fluxisse videantur, etiam schol. ad 3, 83 simili modo instituti Philochorum auctorem fuisse verisimile est[1]). Quae si ita essent, de rebus in scholio narratis ne dubitari quidem liceret. Sed quocumque modo res se habet, peropportune accidit, ut illud ipsum, quod Schaeferus negat anno 343/2 Athenienses cum Peloponnesiis foe-

1) Olympiadum rationem a grammatico quodam additam esse eo apparet, quod Philochorus rem ita instituebat, ut narrandis eponymi nomen, τὸ δημοτικὸν addens, proponeret (προθεὶς ἄρχοντα .... Did. 1, 14; 7, 17; 7, 35; 8, 17, 17). Dionysius c. 9: Καλλίμαχον Περγασῆθεν· ἐπὶ τούτου. ... c. 10: Θεόφραστος Ἁλαιεύς· ἐπὶ τούτου ... Did. 1, 18: περὶ ..... προθεὶς ἄρχοντα Νικόμαχόν φησιν οὕτως· ἐπὶ τούτου οἱ Ἀθηναῖοι ....

dera iniisse, titulo quodam, firmissimo uniuscuiusque quaestionis fundamento, niti possimus (CIA 114°):

1. [Ἐπὶ Πυθοδότου ἄρχοντος ἐπ]ὶ τῆς Αἰγεῖδος
[δεκάτης πρυτανείας τετά]ρτηι τῆς πρυτανείας
[ἔδοξε τῶι δήμωι ....]λείδης Παιανιεὺς
[ἐπεστάτει, Κλεόστρατος Τιμο]σθένους Ἀιγιαλεὺς ἐ-
5. [γραμμάτευεν] vac. Συμμαχία τοῦ [δήμ-]
[ου τοῦ Ἀθηναίων καὶ ... ων καὶ] Μεσσηνίω[ν ....]

Quo titulo a Koehlero ex inscriptione 114ᵇ argute restituto mense Iunio anni 342 (decima est ultima prytania) Athenienses cum Messeniis aliisque Peloponnesiis foedera iniisse demonstratur, ita ut de scholii fide ne dubitari quidem liceat.

Secundum illud scholium et Diodorum orationes VIII et IX Pythodoto Athenis eponymo scriptae sunt. Bellum enim contra Cardianos gestum, quod anno 343/2 exarsisse scholiasta narrat, in orationibus commemoratur. Philippum ergo, qui secundum orationem VIII undecimum mensem in Thracia versatus est, eodem anno 343/2 bellum contra Thraces gerere coepisse apparet. Verba scholii, quae sunt ὑποπτευομένης λυθήσεσθαι τῆς πρὸς Φίλιππον εἰρήνης aptissime quadrant ad id ,quod illo anno, quo orationes scriptae sunt, neque Demosthenem eiusque sectatores neque eius adversarios bellum non exarsurum esse negare ausos esse ex oratione VIII apparet[1]).

Orationes VIII et IX anno 343/2 habitas esse Dionysii Halicarnassensis[2]) verbis confirmatur: μετὰ Λυκίσκον ἐστὶν ἄρχων Πυθόδοτος, ἐφ' οὗ τὴν ὀγδόην τῶν Φιλιππικῶν δημηγοριῶν διέθετο πρὸς τοὺς Φιλίππου πρέσβεις, ἧς ἐστιν ἀρχή· Ὦ ἄνδρες Ἀθηναῖοι, οὐκ ἔστιν κτἑ. Quid Dionysius sentiat, nimirum non curamus, maximi tamen momenti eius verba sunt, quod inde videtur apparere Philochorum narravisse legatos anno 343/2 a Philippo missos esse et quod paulo ante orationes VIII et IX habitas Philippum legatos Athenas misisse ex ipsis orationibus constat.

Ex Demosthenis verbis, quae sunt (IX 25): Φίλιππος ἐν τρισὶν καὶ δέκ' οὐχ ὅλοις ἔτεσιν, οἷς ἐπιπολάζει, ἠδίκηκε τοὺς Ἕλληνας, nihil certi concludi potest. Sed cum iis, quae enucleavimus, non repugnant: 357 Philippus Amphipolin et Pydnam expugnavit, eodem anno cum Olynthiis foedus iniit, 356 Potidaeam expugnavit, 356 Pangaeum montem in suam potestatem redegit, urbem Philippos condidit. Anno ergo 356 rerum potitus erat. Quod Methonen tum nondum expugnaverat, parvi erat momenti.

Quaerendum est, num tempus, quo orationes scriptae sunt, certius

---

1) cf. VIII 4, 7 etc. 2) ad Amm. 1, 10.

circumscribere possimus? Ex eo, quod Philippum undecimum mensem in Thracia versatum (VIII 2) hibernasse (35), etesiasque, quae dicuntur, exspectari orator narrat, apparet orationem VIII anni 342 vere vel aestate ineunte scriptam esse. Eiusdem fere temporis orationem IX esse vidimus. Terminus, ante quem orationes scriptae sunt, ex titulo supra allato constituitur, quo decima sc. ultima prytania (mense ergo Iunio) cum Messeniis aliisque Peloponnesiis foedera ab Atheniensibus icta esse demonstratur. Cum legatos ab Atheniensibus Philippi litteris ac querimoniis perterritis i. e. eodem fere tempore missos esse (cf. Schol. Aesch. 3, 83), foedera ergo eodem fere tempore i. e. mense Iunio 342 conciliata esse verisimile est, secundum autem et orationem VIII et IX foedera non icta esse constet, immo orator ea de causa Athenienses gravissime vituperet postuletque, ut legati in Peloponnesum et in omnes Graeciae partes foederis ineundi causa mittantur[1]), apparet orationes, si legatos non prius quam uno mense praeterito domum rediisse ponamus, non ante mensem Aprilem vel mensem Maium ineuntem scriptas esse.

Sententiam plane aliam protulit Belochius[2]), quam probare non possum. Concedit enim vir doctus foedera illa cum Peloponnesiis anno 343/2 facta esse, tamen Schaeferi sententiam secutus orationes 341 habitas esse putat. Liceat mihi eius verba afferre[3]):

Die Angaben der dritten Philippika stehen damit durchaus nicht im Widerspruch. Demosthenes verfolgt in dieser Rede den Zweck, dem Volke die Sache so schwarz als möglich zu schildern, das Errungene als unbedeutend hinzustellen gegenüber dem, was noch zu tun sei. Und wenn Demosthenes ausruft (IX 28) *οὕτω δὲ κακῶς διακείμεθα* (sc. *οἱ Ἕλληνες*) *καὶ διωρύγμεθα κατὰ πόλεις ὥστ' ἄχρι τῆς τήμερον ἡμέρας οὐδὲν οὔτε τῶν συμφερόντων οὔτε τῶν δεόντων πρᾶξαι δυνάμεθα, οὐδὲ συστῆσαι οὐδὲ κοινωνίαν βοηθείας καὶ φιλίας οὐδεμίαν ποιήσασθαι*, so bleiben diese Worte im großen und ganzen wahr, auch nach dem Abschluß des Bündnisses mit Korinth und Achaia. Nur das Bündnis mit Theben konnte Athen in den Stand setzen, Philippos im offenem Felde zu begegnen, auf die Kleinstaaten kam wenig an . . . . .“

Utrum foedera cum Peloponnesiis conciliata aliquid valuerint necne, nullius est momenti quaerere. Constat foedera eo tempore, cum Demosthenes orationes VIII et IX scripsit, cum iis non icta esse. Enu-

---

1) Foedera non icta esse apparet ex §§ VIII 66, IX 21, 28 sq., 33 sq., 35. § X 52 civitates nondum foedere conciliatae enumerantur, qua de re nobis disputandum erit infra. Ut legati mittantur, postulat Demosthenes VIII 76 et IX 70 sq. (Respice verba § 70 *γράψω* § 76 *ταῦτα λέγω, ταῦτα γράφω*).

2) Att. Politik seit Perikles p. 367 sqq. 3) p. 369.

merantur in oratione X (52) civitates, quae orator verbis *διωρύγμεθα κατὰ πόλεις κτἑ.* significare volebat: Argivi, Thebani, Lacedaemonii, Corinthii, Arcades, Athenienses, quorum ex numero cum Messeniis, Arcadibus, Argivis Athenienses foedera anno 343/2 iniisse vidimus. At nulla est fides habenda illius orationis fabricatori! Tum quaerendum est, quamobrem Demosthenes in orationibus VIII et IX postulet, ut legati in Peloponnesum mittantur nisi foederis ineundi causa? Praeterea Demosthenes verbis, quae exstant IX 17 *τὰ ἐν Πελοποννήσωι σκευορώμενον* (sc. *Φίλιππον*), 18 *Πελοποννησίους τὰ ἐκείνου φρονεῖν*, cum ceteros Peloponnesios tum Messenios et Megalopolitanos significat, quos bellum cum Lacedaemoniis gerentes Philippum adiuvisse secundae Philippicae testimonio constat. Dum autem partes Philippi Peloponnesii sequebantur, foedus contra Philippum conciliandum cum Atheniensibus inire non poterant.

Ad ea, quae de orationum anno statuimus, pessime quadrare videntur ea, quae in oratione IX (32) scripta leguntur: . . . . *τίθησι μὲν τὰ Πύθια* (sc. *Φίλιππος*) . . . *κἂν αὐτὸς μὴ παρῇ, τοὺς δούλους ἀγωνοθετήσοντας πέμπει* . . . Suo iure adnotat Schaeferus[1]): Ol. 108, 3 hielt Philipp die Spiele persönlich ab, also können nur die nächsten Pythien gemeint sein. Cum proximi ludi Pythia Ol. 109, 3 i. e. autumno anni 342 facti sint, oratio IX autumno 342 praeterito vere anni 341 scripta esse videtur. Secundum autem Diodorum[2]) Amphictiones in omne tempus constituerant, ut ludi Philippo faciendi essent. Cum vere 342 rex in Thracia versaretur, omnes eum vicarium quendam ad negotia sua procuranda missurum esse praevidebant. Parum tamen aptum est ad Demosthenis fervidam et concitatam orationem futurum quoddam quasi *πέμψει*. Praeterea fieri potest, ut Antipater[3]) tum iam Delphis adesset, ut ludos edendos praepararet. Quocumque modo res se habet, tempus, quo Demosthenem orationes VIII et IX habuisse statuimus, mutare Demosthenis verbis supra allatis cogi non videmur. —

Notum est tertiam quae numeratur Philippicam duplici forma traditam exstare, quarum utramque ab ipso Demosthene conscriptam esse Spengelius[4]) tam firmis argumentis demonstravit, ut non habeam, cur ab eo discedam. Spengelii sententiam secuti Weilius[5]) et nuper Blassius[6])

1) II² 443, 1.

2) 16, 60 *τιθέναι δὲ καὶ τὸν ἀγῶνα τῶν Πυθίων Φίλιππον μετὰ Βοιωτῶν καὶ Θετταλῶν.*

3) Liban. IV p. 311, 13.

4) Abhandlungen der Bayerischen Akademie IX 144 sqq.

5) Annal. Fleckeisen. 1870 p. 535 sq.

6) Dem. 9. Philippische Reden für den Schulgebrauch 1905³ p. 134 sqq.

ostenderunt in codicibus vulgatis, qui vocantur, exstare formam cum illa codicum *ΣL* saepe commixtam. Quaerendum autem est, utrum orationis utraque forma a Demosthene edita sit necne, sin minus, quam formam orator publici iuris fecerit.

Weilius summo cum ingenio duas § 46 formas ita seiunxit:

οὐ γὰρ οὕτως (sc. *ὡς οἱ πρόγονοι*) *ἔχεθ' ὑμεῖς οὔτε πρὸς τὰ τοιαῦτα οὔτε πρὸς τἆλλα. Ἀλλὰ πῶς;*

Ἴστ' αὐτοί· τί γὰρ δεῖ περὶ πάντων ὑμῶν κατηγορεῖν; παραπλησίως δὲ καὶ οὐδὲν βέλτιον ὑμῶν ἅπαντες οἱ λοιποὶ Ἕλληνες. διόπερ φήμ' ἔγωγε καὶ σπουδῆς καὶ πολλῆς βουλῆς ἀγαθῆς τὰ παρόντα πράγματα προσδεῖσθαι. [*τίνος;*]	*εἴπω κελεύετε, καὶ οὐκ ὀργιεῖσθε;* ἘΚ ΤΟΥ ΓΡΑΜΜΑΤΕΙΟΥ ἈΝΑΓΙΓΝΩCΚΕΙ.

Tamen recensioni, quae codice Σ tradita est, maxima difficultas inest. Nullo enim modo fieri potest, ut Demosthenes litteris vel tabulis quibusdam perlectis ad rem plane novam deflectat, nisi litteris vel tabulis explicatis, nisi transitu aliquo modo facto. Cuius rei in orationibus Demosthenicis perpolitis atque editis ne unum quidem exemplum invenias. Ut quaestionem solvant, et Blassius et Weilius ad ultimas rationes confugiunt. Blassius[1]) Voemelium secutus verba, quae sunt *εἴπω κελεύετε κτέ.*, ironice dicta esse ratus lemma optime traditum delet. Weilius hanc excogitat rationem[2]):

Entweder war es des Demosthenes Absicht, die in den beiden besten Handschriften vorliegende Fassung durch eine Erörterung zu vervollständigen, die er nicht niedergeschrieben hat, oder er wollte für diese Fassung die §§ 47 ff. ausgetilgt wissen und hinter *οὐκ ὀργιεῖσθε;* sogleich mit den Worten § 54 fortfahren: *Εἰς τοῦτο ἀφῖχθε μωρίας.* In beiden Fällen müssen wir annehmen, daß auch dem Schreiber des Archetypus von *ΣL* ein Exemplar vorlag, an dessen Rande bedeutende Varianten verzeichnet waren. Während er aber gewöhnlich nur den in den Kolumnen enthaltenen ursprünglichen Text wiedergab, muß er hier ausnahmsweise statt dieses Textes die Randbemerkungen aufgenommen haben.

Equidem utramque, quam init vir doctissimus, rationem comprobare non possum. Quis enim credat eum, qui codicum *ΣL* archetypum conscripsit, cum multae ei adnotationes in margine ascriptae praesto essent, ne unam quidem recepisse nisi hoc uno loco? Praeterea a Weilio quaestio non soluta est. Verbis enim, quae exstant § 54, neque tabulas prolatas Demosthenes interprebatatur neque transitum,

---

1) p. 137. 2) l. c. p. 540.

quem solet, faciebat. Sed etiam prima, quam ingreditur vir doctus, via eum sequi nequeo. A me impetrare non possum, ut orationem in contione habitam esse credam.

Tamen primae, quam profert explicationem, aliquid veri inesse videtur. § 104 Midianae Demosthenes narrat Midiam propinquis trucidati Nicodemi aurum obtulisse, ut Demosthenem inter sicarios accusarent, quae res § 107 testimonio allato confirmatur. Eodem loco (107) Demosthenes scribae imperat, ut legem, quae est *περὶ δώρων*, perlegat, quod § 113 demum fit. Exspectamus, quod nunquam praetermittitur, Demosthenem expositurum esse, quomodo illa lex ad Midiam accusandum referenda sit, praesertim cnm re § 104 sq. brevissime narrata multa intercesserint, ita ut, qua de re agatur, paene obliti simus. Sed tantum abest, ut orator rei explicandae gratia aliquid addat, ut ad novam Midiae iniuriam transeat. Etiam scholiastam res offendit. Quae ad rem explicandam affert, nemo comprobabit. Res explicari non potest nisi ex imperfecto orationis statu. Constat enim inter viros doctos orationem nunquam habitam, immo ne perfectam quidem esse eamque ob rem multas inveniri lacunas, ordinis perturbationes, dittographias quae vocantur[1]). Quamobrem assentior Weilio, qui dicit: Quoiqu'en dise le scholiaste, on peut croire que l'orateur eût ajouté quelques paroles après la lecture de cette loi, s'il avait mis la dernière main à son discours. Eodem modo lemma tertiae Philippicae quae numeratur explicandum esse videtur. Si Demosthenes recensionem codice Σ traditam publici iuris fecisset, tabulas paucis interpretatus esset verbis. Neque enim sine causa Weilium offendit, quod tabulae ab ipso oratore neque, ut fieri solet, a scriba perlegantur. Intexuisset tabulas eodem modo in oratione, quo titulum in columna, quae in arce statuta erat, inscriptum intexuit[2]). Quocumque modo res se habet, mihi quidem ex iis, quae attuli, apparere videtur formam in cod. Σ traditam ab ipso oratore numquam editam e scriniis post eius mortem in lucem prolatam esse eodem modo ac Midianam. Sequitur, ut non forma codicis Σ ex forma codicum *AFY* retractata sit; sed ut additamenta, quibus recensio *AFV* aucta est, ab oratore addita sint, quod iam per se verisimile est[3]).

1) cf. Blass III 1² p. 332 sqq. Ivo Bruns, d. litt. Porträt p. 566 sqq.
2) IX 42 sq. et XIX 271 sq.
3) cf. quae Spengel exposuit l. c. p. 114.

II. De Demosthenis oratione X.

An Demosthenis oratio X genuina sit necne, grammatici certant et adhuc sub iudice lis est. Quam ad rem perquirendam priusquam accedamus, quo tempore, si genuina sit, scripta sit, quaerere usui esse videtur. Qua in disputatione si appareat, tempus, quo oratio habita est, certis, ut ita dicam, lineis circumscribi atque determinari posse, magnum auctoritatis sit iudicium. Quis enim credat falsarium ita orationem confinxisse, ut certa quadam die habita esse videatur?

Miro quodam modo Koertius[1]) nuper rem pertractavit. Testimonio Dionysii[2]) abiecto orationem vere anni 341 scriptam esse putat. Cum Theopompum Hermiam ad Persarum regem abductum esse libro 46[3]), bellum Threicium a Philippo gestum ll. 46—50 narravisse constet, initio belli Threicii Hermiam a satrapis captum esse suo iure concludit. Quod autem dicit bellum a Philippo 342—40 gestum eamque ob rem orationem 342/1, scriptam esse, sententiam eiusdem grammatici, cuius testimonium abiecerat, sequitur. Cum enim illud bellum in orationibus VIII et IX commemoretur, quas secundum Dionysium anno 341 habitas esse Schaeferus statuit, bellum anno 342 exarsisse Schaeferus[4]) putat.

Fundamentum disputationis orationibus VIII et IX pertractatis iecimus. Constat enim orationem X habitam esse, postquam Philippus Cardianis subsidia misit[5]). Testimonium non ex oratione VIII desumptum exstat X § 18: *Καρδιανοῖς ἐβοήθει.* Etiam eius epistulae, quae in orationibus VIII et IX commemoratur, in oratione X mentio fit: X 65 = VIII 64 *Καρδίαν ἔχει καὶ ὁμολογεῖ.* Cum § 52 foedera cum Argivis et Arcadibus icta esse negetur[6]), oratio vere 342 eodem fere tempore atque orationes VIII et IX scripta est. Miramur, quod inter civitates Atheniensibus inimicas Lacedaemonii enumerantur, quos illis temporibus cum Atheniensibus foedere coniunctos esse constat. Quomodo res explicanda sit, ex Isocratis Panathenaici § 159 apparet: *ἡμεῖς δὲ καὶ Σπαρτιᾶται συμμα-*

---

1) Mus. Rhen. 60 p. 388 sq. 2) ad Amm. 1, 10.

3) Did. col. 4, 66. 4) II[2] 442.

5) X 60 = VIII 58 *νῦν εἰς Καρδίαν πέπομφε βοήθειαν;* X 68 = VIII 66 *τὴν Καρδιανῶν χώραν ἀπεστερηκότος Φιλίππου.*

6) *ἔπειτα προστασίαι πολλαὶ καὶ πανταχόθεν γίγνονται, καὶ τοῦ πρωτεύειν ἀντιποιοῦνται μὲν πάντες, ἀφεστᾶσι δ' ἔργωι, καὶ φθονοῦσι καὶ ἀπιστοῦσιν αὑτοῖς, οὐχ οἷς ἔδει, καὶ γεγόνασι καθ' αὑτοὺς ἕκαστοι, Ἀργεῖοι, Θηβαῖοι, Λακεδαιμόνιοι, Κορίνθιοι, Ἀρκάδες, ἡμεῖς.* Fieri potest, ut Athenienses cum Megalopolitanis et Achaeis, qui schol. Aesch. 3, 83 neque tamen hoc loco enumerantur paulo antequam Demosthenes orationem scripsit, foedera conciliaverint. Sed fortasse casu omissi sunt, ut Messenii.

χίας ἡμῖν ὑπαρχούσης ἀλλοτριώτερον ἔχομεν πρὸς ἡμᾶς αὐτοὺς ἢ πρὸς οὓς ἑκάτεροι πολεμοῦντες τυγχάνομεν. σημεῖον δ' οὐ μικρόν· κοινῆι μὲν γὰρ οὐδὲ περὶ ἑνὸς πράγματος βουλευόμεθα, χωρὶς δ' ἑκάτεροι πρέσβεις πέμπομεν πρὸς ἐκεῖνον (sc. *βασιλέα*) *ἐλπίζοντες, ὁποτέροις ἂν οἰκειότερον διατεθῆι, κυρίους τούτους γενήσεσθαι τῆς ἐν τοῖς Ἕλλησι πλεονεξίας.* Demothenes ergo suo iure dicere potuit: *γεγόνασι καθ' αὑτοὺς Λακεδαιμόνιοι ἡμεῖς.* Lacedaemonii Atheniensibus inimici erant, primum quod de principatu cum iis contendebant, ut ex verbis Isocratis et ex Demosthene apparet (X 52 *τοῦ πρωτεύειν ἀντιποιοῦνται κτἑ.* § 6 *οἱ μὲν ὑπὲρ τῆς ἡγεμονίας ἀντιλέγουσιν*), tum quod Peloponnesii, qui contra Lacedaemonios bellum gerebant, magis magisque ad Atheniensium amicitiam sese applicabant, ita ut anno 342 foedera inirent.

Oratio ergo post epistulam a Philippo missam, contra quam Demosthenes orationem VIII habuit (cf. infra), et ante secundam mensis Mai partem (cf. p. 6) scripta est.

Quis credat falsarium quendam fuisse tanti ingenii atque tantae doctrinae, ut orationem Demosthenicam confingeret ita, ut certo mense certi anni — uno enim mense post vel ante oratio ad res illis temporibus gestas non quadraret — habita esse videatur; ut tales obscuras significationes orationi iniceret qualem § 6[1]); ut, quamquam in tota oratione X Diopithis non mentio fit, tamen res illis temporibus Athenis gestas ita perspexisset et ante oculos haberet, ut Athenienses vere anni 342, an Diopithem revocarent necne, inter se certavisse sciret eamque rem § 20[2]) significaret; ut, quomodo Lacedaemonii illis temporibus in Athenienses sese haberent, tam perspiceret, ut eos inter inimicos (*ἀντιποιοῦντας*) enumeraret[3]); ut Hermiae alio modo eventurum esse, atque eventum erat, poneret scilicet lectoris decipiendi gratia, ut id, quod significat, vix intellegi posset[4])? Mehercle, talem falsarium mihi ostendas velim! Quamobrem mihi quidem non agendum esse videtur, utrum oratio X genuina sit necne, sed quomodo id, quod offensionem habet, explicandum sit. An omnia explicari possint, ipse dubito. Neque enim res illis temporibus gestas satis cognovimus, multa autem,

---

1) *ὥστε τῶν ἐν αὐτῶι τῶι κινδυνεύειν ὄντων οἱ μὲν ὑπὲρ τῆς ἡγεμονίας ἡμῖν ἀντιλέγουσι, οἱ δ' ὑπὲρ τοῦ ποῦ συνεδρεύσουσι, τινὲς δὲ καθ' αὑτοὺς ἀμύνεσθαι μᾶλλον ἢ μεθ' ἡμῶν ἐγνώκασι.*

2) *ὅτωι παραδώσετε τὰ πράγματα, δυσχεραίνετε.* 3) § 52.

4) § 32 ponit orator regem Persarum effecturum esse, ut Hermiam, Philippi socium, ad consilia communia aperienda commoveat, quae tamen spes eum fefellit. cf. Did. col. 5, 66 et 6, 55. De tota re Koerte l. c. p. 393 optime disseruit.

quae adhuc offensioni erant, nunc Didymi περὶ Δημοσθένους libro invento intelleguntur et explicantur, quam rem Koerte l. c. exposuit.

Primum viri docti in eis offenduntur, quod multa in oratione X imperfecta ac adumbrata videntur esse. At equidem assentior Wilamowitzio, qui dicit[1]): Die moderne Verwerfung (sc. orationis X) ist eine Ausgeburt der fanatischen Bewunderung, die dem Redner, Staatsmann und Menschen Demosthenes nur oratorisch und moralisch unsträfliche Meisterwerke zuzuschreiben wagte. Tum autem dicendum est etiam in oratione VIII, quae non satis perpolita esse videntur, inveniri. Cuius rei exempla afferre liceat.

VIII, 24 dicit orator: Ὅτι τοίνυν δύναται ταῦτα ποιεῖν, ἐνίους μαθεῖν ὑμῶν δεῖ. Quid illa (sc. primum, quod Athenienses Diopithem non adiuvant, tum, quod adversarii eum calumniantur) valeant, quid sibi velint adversarii, ostendam. Diopithes, ut alii imperatores, pecunias ad copias alendas a sociis exigit. Cum vos eum non adiuvaretis, quid faceret? (Ad primam illius ταῦτα partem rediit orator). Sed adversarii (ad alterum redit orator sententiam) id, quod Diopithes facere coactus est, in malam partem vertunt exclamantes eum urbes Graecas ad Hellespontum sitas aggressurum et direpturum esse. Hic autem interrumpitur orationis contextus. Demosthenes sibi proposuerat, ut ita pergeret: Adversarii cum impedirent, quo minus Diopithes adiuvaretur, urbes Graecas diripere eum cogere volebant, ut imperatorem ea de causa accusarent alterumque in Hellespontum mitterent ducem, qui Philippo magis quam Diopithes serviret: καὶ τόγ' εἰς τὸν Ἑλλήσποντον ἐκπέμπειν ἕτερον στρατηγὸν τοῦτ' ἔστιν. Si hoc modo sententias, ut decet, orator coniunxisset, § 24 promissa (ὅτι τοίνυν δύναται ταῦτα ποιεῖν . . . .) fecisset: exposuisset, quid adversarii, qui et Diopithem non adiuvarent et eum calumniarentur, sibi vellent. Sententiarum autem, quae traditae sunt, contextus interrumpitur. Verba enim, quae sunt τόγ' — τοῦτ' ἔστιν ad ea, quae sequuntur, referri non possunt. Neque enim exposuit orator Athenienses alterum imperatorem in Hellespontum missuros esse neque, quid id valeat, dixit. Rem autem expositam esse ex vocibus τόγ' — τοῦτ', quae ad ea, quae praecedunt, referenda sunt apparet. Etiam ex iis, quae sequuntur (εἰ γὰρ δεινὰ ποιεῖ Διοπείθης κτέ.) lacunam exstare apparet. Cum orator, quid faciendum sit Atheniensibus, exponat, exposuisse, quid facturi Athenienses sint, videtur. Exstare ergo videtur § 27 lacuna, ut in oratione Midiana.

Praeterea si orationem X cum oratione VIII comparamus, multis locis verba, quae et in oratione VIII et X traduntur, in oratione X

1) Aristot. u. Athen. II 215, 5.

magis perpolita videmus. Qua de re Spengel (Abhandlungen d. Bayer. Ak. IX, p. 304), Benseler (De hiatu in oratt. Atticis p. 108 sqq. et 123 sqq.), Koerte (Rhein. Mus. 60, 407 sqq.) disputaverunt. Qui in oratione VIII inveniuntur hiatus, in oratione X vitantur, quod non, ut Benselero videtur, codicum scribis, sed ipsi oratori tribuendum est. Cuius rei duo afferre exempla liceat. In or. VIII 42 scriptum legimus: *ἐστὲ γὰρ ὑμεῖς οὐκ αὐτοὶ πλεονεκτῆσαι καὶ κατασχεῖν ἀρχὴν εὖ πεφυκότες, ἀλλ' ἕτερον λαβεῖν κωλῦσαι καὶ ἔχοντ' ἀφελέσθαι δεινοὶ καὶ ὅλως ἐνοχλῆσαι τοῖς ἄρχειν βουλομένοις καὶ πάντας ἀνθρώπους εἰς ἐλευθερίαν ἀφελέσθαι ἕτοιμοι.* Suo iure Benseler (p. 70) praeter hiatum, qui est inter *ἀφελέσθαι* et *ἕτοιμοι*, verbum *ἀφελέσθαι* diversa significatione bis positum offendere dicit. Optime ergo locum emendavit Demosthenes sic in oratione X (14) scribens: .... *ἀλλ ἕτερον λαβεῖν κωλῦσαι καὶ ἔχοντ' ἀφελέσθαι καὶ ὅλως ἐνοχλῆσαι τοῖς ἄρχειν βουλομένοις καὶ πάντας ἀνθρώπους εἰς ἐλευθερίαν ἐξελέσθαι δεινοί.*

Altero loco Demosthenes et hiatum vitare et sententiam emendare conatus rem non plane assecutus est. VIII § 56 quaerit, quamobrem adversarii Atheniensibus non ostendant, quibus iniuriis Philippus urbem affecerit et afficiat, eos autem, qui hoc ostendunt, pacem rumpere arguant. Respondet orator 57: *ὅτι τὴν ὀργὴν ἣν εἰκός ἐστιν γενέσθαι παρ' ὑμῶν, ἄν τι λυπῆσθε τῶι πολέμωι, εἰς τοὺς ὑπὲρ ὑμῶν λέγοντας τὰ βέλτιστα τρέψαι βούλονται· ἵνα τούτους κρίνητε, μὴ Φίλιππον ἀμύνησθε καὶ κατηγορῶσι αὐτοί, μὴ δίκην δῶσιν, ὧν ποιοῦνται νῦν. τοῦτ' αὐτοῖς δύναται τὸ λέγειν, ὡς ἄρα βούλονταί πόλεμόν τινες ποιῆσαι παρ' ὑμῖν, καὶ περὶ τούτου ἡ διαδικασία αὕτη ἐστίν.* Demosthenes ergo respondet: ut, si cladem accepistis, irati Demosthenem eiusque amicos multetis, et ut adversarii animos vestros hac lite occupent, ita ut bellum gerendum neglegatis et ut ipsi invidiam et poenam debitam subterfugiant[1]).

Qua in argumentatione primum quis credat Demostheni tales hiatus, quales *ἡ διαδικασία αὕτη ἐστίν*, tolerabiles fuisse? Tum quaeri potest, quamobrem ii, qui Philippo student, quominus bellum exardescat, impedire velint? Quae Demosthenes cum sentiret, argumentationem mutabat ita, ut firmissima atque acerbissima facta sit (X 59): Si bellum Philippo inferetis, rex vincetur. Si victus erit, ii, qui ei student, non habebunt, a quo mercedem accipiant. Bellum ergo quocumque modo prohibendum est. Ut, ne bellum exardescat, impediatur, eos, qui bellum agitant, litibus debilitari atque frangi necesse est. Quas ad lites parandas nunc clamitant. Sin bellum prohibebitur,

1) Weilius, ut solet, hac loco optimam interpretationem protulit.

assequentur primum, ut habeant, a quo mercedem accipiant, tum ut tantum auctoritate apud plebem valeant, ut nemo eos accusare audeat. — Cum Demosthenes orationem X conscriberet, constituebat, quod argumentationem orationis VIII infirmam esse sentiebat, rem novis argumentis confirmare. Quamobrem exili argumento, quod est *ἵνα τούτους κρίνητε, μὴ Φίλιππον ἀμύνησθε*, eiecto novum, ut sententiam, quae est (X 58) *ὅτι τὴν αἰτίαν — ἀναθεῖναι βούλονται*, firmaret, argumentum quaerebat. Sed id, quod inveniebat (59 *ἡγοῦνται γὰρ* ....) non plane ad ea, quae praecedunt, quadrat. In iis, quae praecedunt, Athenienses cladem accepturos esse, in iis autem, quae sequntur, Philippum victum iri orator ponit. —

X 18 sqq. Demosthenes dicit: non est, cur me amicosque accusetis. Nihil enim intendimus nisi quod Philippus, sc. ut hostis repellatur, quae tamen res multo acriore studio agitanda est. Quae ultima sententia in oratione X aptius quam in oratione VIII cum iis, quae praecedunt, coniuncta esse videtur. VIII 46 enim dicit orator: Urbem exercitum ad Graecos a Philippo defendendas paratum habere necesse est. VIII 47: Nam expeditionibus mittendis *τὰ δέοντα* perfici non possunt. Quamobrem id fieri nequeat, Demosthenes in oratione VIII non dicit. In orationis X autem § 20 et 21, quomodo usque adhuc res gesserint, tam lucidis depinxit coloribus, ut, quamobrem Athenienses expeditionibus missis nihil assecuti sint, prorsus intellegamus.

Quod viri docti orationem X Demosthenicam esse negant, cum magna orationis pars ex oratione VIII desumpta sit, dicendum est nos omnino nescire, an Demosthenes utramque orationem ediderit.

Gravissime viri docti in eis offenduntur, quod Demosthenes, qui orationibus Olynthiacis Athenienses vituperavit, quod vectigalia publica effundant, qui in oratione VIII questus est, quod *τῶν κοινῶν ἀπέχεσθαι* Athenienses nollent (VIII 21), qui anno 339/8 legem pertulit, ut *τὰ θεωρικὰ στρατιωτικά* fiant, in oratione X largitiones illas faciendas defendit. Qui orationem X Demosthenis esse pro certo habent, viri docti Spengel[1]) et Koerte[2]) concluserunt ex Demosthenis verbis, quae exstant Ol. III 19: *εἰ δέ τις ἡμῶν ἔχει καὶ τὰ θεωρικὰ ἐᾶν καὶ πόρους ἑτέρους λέγειν στρατιωτικούς, οὐχ οὗτος κρείττων; εἴποι τις ἄν· φήμ' ἔγωγε, εἴπερ ἔστιν, ὦ ἄνδρες Ἀθηναῖοι· ἀλλὰ θαυμάζω εἴ τῳ ποτ' ἀνθρώπων ἢ γέγονεν ἢ γενήσεται, ἂν τὰ παρόντ' ἀναλώσῃ πρὸς ἃ μὴ δεῖ, τῶν ἀπόντων εὐπορῆσαι πρὸς ἃ δεῖ*, Demosthenem cum speraret Athenienses a rege Persarum pecunias ad bellum gerendum accepturos esse[3]), a largitionibus abolendis abstitisse. Qua expli-

1) Abhandl. d. Bayer. Ak. IX p. 301. 2) Mus. Rhen. 60 p. 405.
3) cf. X 31 sqq.

catione difficultates augere viri docti mihi quidem videntur. Quamobrem enim Demosthenes, etiamsi illis temporibus *τὰ θεωρικὰ στρατιωτικά* fieri non necesse esse censebat, largitiones defendendas esse putabat, cur tanto cum studio defendebat, ut fecit? Praeterea quid illae largitiones valuerint, tenendum est. Erant, ut ita dicam, firmamenta Eubuli regni, munimenta, quibus divites, qui pacis bonis uti ac frui volebant, ne plebs bellum moliretur, arcebant et prohibebant[1]). Quod Demosthenes paucis annis ante largitiones abolendas esse dixerat, munimentum regni Eubuli firmissimum aggressus erat. Sequitur, ut Demosthenes in oratione X largitiones faciendas non defendat, ut reditus publicos augeat vel recte administret, sed ut in factionum certaminibus aliquid assequatur. Quid? nos nescire ipse confiteor, tamen illi orationis parti digna, quae animadvertamus, inesse videntur.

Contra ea, quae ab hominibus quibusdam ad largitiones abolendas proferebantur, Demosthenes oppugnat, miro tamen modo. Dicit enim utramque factionem largitionibus factis florere (§ 36). *ἐρῶ δ' ὑπὲρ τῶν ἐν χρείαι δοκούντων εἶναι πρότερον* (37). In iis, quae sequuntur, largitiones faciendas sane pro pauperibus defendit, ita tamen, ut ex unoquoque fere verbo appareat largitiones factas, divitibus imprimis utilissimas esse: § 38 *μετὰ ταῖτα ἡ τύχη καλῶς ποιοῦσα πολλὰ πεποίηκε τὰ κοινά, καὶ τετρακόσια ἀντὶ τῶν ἑκατὸν ταλάντων προσέρχεται, οὐδενὸς οὐδὲν ζημιουμένου τῶν τὰς ο᾽σίας ἐχόντων, ἀλλὰ καὶ προσλαμβάνοντος· οἱ γὰρ εὔποροι πάντες ἔρχονται μεθέξοντες τούτου, καὶ καλῶς ποιοῦσι.* 42. *Τοὺς μὲν εὐπόρους ταύτηι χρωμένους τῆι γνώμηι οὐ μόνον ἡγοῦμαι τὰ δίκαια ποιεῖν, ἀλλὰ καὶ τὰ λυσιτελῆ· τὸ γὰρ τῶν ἀναγκαίων τινὰς ἀποστερεῖν κοινῆι κακόνους ἐστὶ ποιεῖν πολλοὺς ἀνθρώπους τοῖς πράγμασιν.* Tum pro divitibus orator verba facit exponitque, quomodo incommodis medendum sit.

Quomodo factum est, ut tantam in Eubulum eiusque factionem benevolentiam Demosthenes navaret, ut divitum sectator esse videretur? Quamquam ipse aliquid certi enucleari non posse scio, tamen, quomodo res tum se habuisse putem, proferre liceat. Demosthenes narrat non oratores factionis popularis, qui semper bellum moliebantur, sed Eubuli sectatores postulare, ut largitiones aboleantur[2]) idque ea de causa, quod oratores quidam, aurae popularis captatores, ut aerarium publicum, ex quo plebem largiantur, compleant, divites cives accusaverint, ut damna-

---

1) cf. quae narrant Dem. XIX 291 et Plut. praec. ger. reipbl. c. 25 p. 818e.

2) cf. § 42 *δυσχεραίνουσι τὸ πράγμα οἱ τὰς οὐσίας ἔχοντες καὶ κατηγοροῦσι δικαίως.*

torum fortunae publicentur[1]). Qua de re ipsa Demosthenes accusaverat quosdam oratores VIII 69 *ὅστις μὲν γὰρ, ὦ ἄνδρες Ἀθηναῖοι, παριδὼν ἃ συνοίσει τῆι πόλει, κρίνει, δημεύει, δίδωσι, κατηγορεῖ οὐδεμίαι τοῦτ' ἀνδρείαι ποιεῖ κτἑ* cf. § 70. Quae incommoda quod multi divites illis temporibus aegre ferebant, non miramur. Non deerant, qui timerent, ut munimentis, ut ita dicam, illabentibus ipsi, qui posuerant, obruerentur. Qua aegritudine oratores utebantur vel potius aegritudinem tollere praetexebant, ut largitiones aggrederentur. Praeterea causabantur non deesse, qui propter largitiones, ne officia praestarent, recusarent. Demosthenes prudentior erat, quam ut petulantes ac temerarios illos oratores populares adiuvaret. Pro certo habere poterat Athenienses, si modo bellum exarsurum esset, largitiones abolituros esse. Quamobrem largitiones faciendas aggressus iram populi susciperet? Immo fortasse largitionibus defensis aliquid assequi potuit, fortasse cum oratoribus divitum pactionem facere potuit, ut, nisi in Diopithem inveherentur, ipse se largitiones faciendas defensurum esse promitteret?

Unum quidem largitionibus defensis Demosthenes assequebatur: ex § 17 sqq. apparet, quam caute Demostheni progrediendum fuerit, ne bellum agitare videatur. Bellum enim quoddam, quo largitionibus vulgus privaretur, gerere nolebat. Quamobrem divitum oratores, cum populares res ad arma deduci studebant, dicebant, ut bellum vitarent, si Athenienses bellum gerere vellent, *τὰ θεωρικὰ στρατιωτικά* facienda esse[2]). Sin autem Demosthenes largitiones factum iri promiserat, nemo erat, qui eum, ne bellum agitaretur, impediret.

III. De Dem. or. VI et Hegesippi oratione.

Schaeferus[3]), Weilius[4]), Blassius[5]) Hegesippi orationem Dionysium Halicarnassensem[6]) secuti anno 343/2 Pythodoto eponymo habitam esse putant, quae res ex iis, quae enucleavimus, examinanda est.

Apud Aeschinem III 83 scriptum legimus: *Ἁλόννησον ἐδίδου*

1) cf. X 44 *ἀλλὰ ποῦ συντρίβεται τὸ πρᾶγμα καὶ ποῦ δυσχεραίνεται; ὅτι τἀπὸ τῶν κοινῶν ἔθος ἐπὶ τὰ ἴδια μεταβιβάζοντας ὁρῶσί τινας, καὶ μέγαν μὲν ὄντα πάρ' ὑμῖν εὐθέως τὸν λέγοντα, ἀθάνατον δ' ἕνεκα ἀσφαλείας, ἑτέραν δὲ τὴν κρύβδην ψῆφον τοῦ φανερῶς θορύβου.* cf. Weilii interpretationem. — Lycurgus Diphilum accusavit et effecit, ut multaretur. Ex Diphili fortunis plebem largitus est (Vita X or. 893[s]).

2) XIX 291 et praec. gerend. reipubl. c 25 p. 818[e].

3) II[2] 431, 2. 4) Les Harangues p. 238. 5) III 2[2], 139.

6) ep. ad Amm. 1, 10.

(sc. Φίλιππος), ὁ δ' (Δημοσθένης) ἀπηγόρευε μὴ λαμβάνειν, εἰ δίδωσι, περὶ συλλαβῶν διαφερόμενος. καὶ τὸ τελευταῖον στεφανώσας τοὺς μετ' Ἀριστοδήμου εἰς Θετταλίαν καὶ Μαγνησίαν παρὰ τὰς τῆς εἰρήνης συνθήκας πρεσβεύσαντας τὴν μὲν εἰρήνην διέλυσε κτέ. Inde apparet Philippi legatos cum Atheniensibus de Halonneso egisse, priusquam legati ab Aristodemo ducti in Thessaliam missi sunt, quam rem anno 343/2 factam esse scholii Aesch. III 83 testimonio constat neque Schaeferus[1]) negat. Legatos vere anni 342 missos esse verisimile esse supra vidimus. Constat ergo de Halonneso ante ver 342 actum esse. Quibus rebus a Philippo gestis oratio Hegesippi habita sit, ex VII 32 discimus: ἐπὶ δ' Ἀμβρακίαν στρατεύεται, τὰς δ' ἐν Κασσωπίαι τρεῖς πόλεις Πανδοσίαν καὶ Βουχέτα καὶ Ἐλάτειαν, Ἠλείων ἀποικίας, κατακαύσας τὴν χώραν καὶ εἰς τὰς πόλεις βιασάμενος παρέδωκε Ἀλεξάνδρωι τῶι κηδεστῆι τῶι ἑαυτοῦ δουλεύειν. Cum Philippum verisimile esse Maio mense 343 in Thraciam profectum esse viderimus, non prius quam Lycisco eponymo in Epiro versatus est, ut mihi quidem videtur, exeunte hieme 344/3 vel ineunte vere 343. Nam prius quam Philippus in Thraciam profectus est, per aliquod tempus in Boeotia et Thessalia versatus civitates constituit[2]). Oratio ergo non priusquam vere 343 Philippo, ut mihi quidem videtur, in Thraciam nondum profecto habita est. Nam Philippum nihil bello Threicio assequi voluisse nisi, ut urbes ad Hellespontum sitas in suam potestatem redigeret, omnes illorum temporum Athenienses consentiebant[3]) neque dubitari potest, quin Hegesippus urbes, quas Philippus libertate privaverat vel privaturus erat, enumerans (30 sq.) Perinthum et Byzantium non omissurus fuerit. Praeterea epistula illa, de qua in oratione VII agitur, Athenas missa Atheniensibus tot et tanta concessit, ut eis satisfaceret neve ab Atheniensibus, quominus Thraciam subigeret, impediretur.

Id, quod hoc modo enucleavimus, testimonio ex ipso Demosthene desumpto confirmatur. IX 72 enim dicit orator: ἐπειδὴ γάρ ἐστι πρὸς ἄνδρα καὶ οὐχὶ συνεστώσης πόλεως ἰσχὺν ὁ πόλεμος, οὐδὲ τοῦτ' ἄχρηστον (sc. τὸ ἐκπέμπειν πρέσβεις) οὐδ' αἱ πέρυσι πρεσβεῖαι ἐκεῖναι· [καὶ κατηγορίαι], ἃς ἐγὼ καὶ Πολύευκτος ὁ βέλτιστος ἐκεινοσὶ καὶ Ἡγήσιππος καὶ Κλειτόμαχος καὶ Λυκοῦργος καὶ οἱ ἄλλοι πρέσβεις περιήλθομεν, καὶ ἐποιήσαμεν ἐπισχεῖν ἐκεῖνον μήτ' ἐπ' Ἀμβρακίαν ἐλθεῖν[4]) μήτ' εἰς Πελοπόννησον ὁρμῆσαι. Quibus ex verbis anno

1) II[2] 429.

2) Theopompus res gestas hoc narrat ordine: 43 libro expeditionem Epiroticam (frg. 228), 44 l. res in Thessalia (frg. 234 sq.), 45 l. res in Boeotia gestas (frgm. 236—238). Inde a libro 46 de bello Threicio refert.

3) cf. VIII 18, 66. IX 34.

4) De his verbis v. Schaeferi adnotationem II 427, 2.

343/2 a Demosthene scriptis eodem concludendum est tempore, quo Demosthenes ceterique legai ab Atheniensibus emissi sunt, Philippum apud Ambraciam versatum esse idque anno 344/3 Lycisco eponymo factum esse ex iis, quae sunt *αἱ πέρυσι πρεσβεῖαι*, apparet. Constat ergo Hegesippi orationem Lycisco eponymo habitam esse, idque, ut videtur, vere 343. Inde autem maioris momenti res concludi posse videtur.

Philippus inde a pace Philocratis, quae vocatur, magis magisque assecutus est, ut Peloponnesios in suam potestatem redigeret[1]). Demosthenes Peloponnesios Philippi falaciis agitari[2]), regem libertati Megarensium insidiatum esse[3]), in Elide *τοὺς φιλιππίζοντας* vicisse[4]) narrat. Ut Athenienses Philippum, quominus totam Peloponnesum in suam potestatem redigeret, impedirent, legatos illos (IX 72) emiserant, qui dicerent Philippum omnibus Graecis insidiari, cavendum esse illum dolorum artificem. cf. VIII 35 sq. . . . . . *λέγεθ'* (Athenienses) *ὡς ἐπιβουλεύει Φίλιππος ἡμῖν καὶ πᾶσι τοῖς Ἕλλησι, καὶ ὡς φυλλάττειν δεῖ τὸν ἄνθρωπον καὶ πάντα τοιαυτί . . . . . τί οὖν πρεσβεύετε καὶ κατηγορεῖτε καὶ πράγμαθ' ἡμῖν παρέχετε;*

Ad illam legationem, cui secundum IX 72 Hegesippus intererat, viri docti Schaeferus[5]) et Weilius suo iure Hegesippi verba rettulerunt, quae exstant VII 33: *περὶ δὲ τῶν ὑποσχέσεων ἂν ὑμῖν διατελεῖ ὑπισχνούμενος ὡς μεγάλα ὑμᾶς εὐεργετήσων, καταψεύδεσθαί μέ φησιν αὐτοῦ διαβάλλοντα πρὸς τοὺς Ἕλληνας· οὐδὲν γὰρ ὑμῖν πώποτέ φησιν ὑποσχέσθαι.* Calumniari enim Hegesippus Philippo non poterat, nisi legatus Graecos adhortatus, ne Philippi promissis fidem haberent, ostendebat, quomodo Atheniensibus promissa effecisset; quae optime quadrant ad legationem, cuius Demosthenes IX 72 et VIII 35 sq. mentionem facit et de ea Philippus litteris Athenienses accusat. Legationes ergo in oratione VII et in orationibus VIII et X commemoratae eaedem esse videntur.

Quae ratio intercedit inter hanc legationem et illam, cuius orator in secunda Philippica mentionem facit? Dicit orator illis temporibus regem Argivos Messeniosque magnis affecisse beneficiis[6]) et pro libertate contra Lacedaemonios dimicantes adiuvasse[7]). Eandem rem Demosthenes verbis iam allatis VIII 6 et IX 17 significare videtur. Summum periculum Atheniensibus imminuisset, si Messenii et Argivi Philippo

---

1) IX 18 *Πελοποννησίους τὰ ἐκείνου φρονῆσαι.*
2) IX 17 *τὰ ἐν Πελοποννήσωι σκευρώμενον* cf. VIII 6.
3) IX 27 *Μεγάροις ἐπεβούλευσεν πρώην* cf. IX 17 XIX 294 sqq. et 326.
4) IX 27 *Ἦλιν ἔχει τηλικαύτην πόλιν ἐν Πελοποννήσωι* cf. XIX 234.
5) II² 354, 1.
6) VI 9 *καὶ νῦν τοὺς Μεσσηνίους καὶ τοὺς Ἀργείους . . . . εὖ ποιεῖ.*
7) cf. VI 13 *ὁ γὰρ Μεσσήνην Λακεδαιμονίους ἀφιέναι κελεύων.*

adiuvante Lacedaemonem, quae urbs tum cum Atheniensibus foedere coniuncta erat[1]), vicissent. Lacedaemone enim victa tota Peloponnesus in Philippi potestatem redacta esset. Quamobrem legati Atheniensium Messenios et Argivos adhortati sunt, ne regi fidem haberent. Eum Olynthios et Thessalos false promissis captos libertate privavisse[2]). Videmus ea, quae secundum orationem VI legati dixerant, iis, quae VIII 35 sq. et VI 33 narrantur, simillima esse. Non miramur, quod rex apud Athenienses de Hegesippo solo neque de Demosthene queritur (VII 33). Ex verbis enim, quae legimus VI 26 *καὶ παρόντος ἐμοῦ καὶ πάλιν ὕστερον*, Demosthenem prius quam reliquos legatos domum rediisse apparet. Quod Demosthenes de legationis eventu IX 72 dicit legatos; non prorsus frustra laborem suscepisse, haec verba iis, quae in or. VI de legationis exitu narrat, explicari videntur: verba legatorum multos clamores excitasse, tamen verisimile esse Philippum Peloponnesios promissis pellecturum esse (VI 26). Cum et res in Peloponneso gestae et orationes a legatis habitae et legationum eventus eodem modo et in orationibus VII—IX et in oratione VI describantur, legationem in or. VII—XI commemoratam eandem esse atque illam orationis VI apparere videtur.

Qua de re certissime iudicare possimus, si Libanio fides habenda sit. Narrat enim in argumento orationis VI ex *Φιλιππικοῖς ἱστορίαις*, ut ipse illo loco dicit, hauriens orationem VI habitam esse, cum legatos Athenas miserit Philippus *αἰτιώμενος ὅτι διαβάλλουσι* (sc. *οἱ Ἀθηναῖοι*) *αὐτὸν μάτην πρὸς τοὺς Ἕλληνας ὡς ἀπαγγειλάμενον αὐτοῖς πολλὰ καὶ μεγάλα, ψευσάμενον δέ· οὐδὲν γὰρ ὑποσχῆσθαί φησιν οὐδ' ἐψεῦσθαι καὶ περὶ τούτων ἐλέγχους ἀπαιτεῖ.* Dubitari non potest, quin Philippi verba, quae Libanius affert, eadem sint atque illa, quorum Hegesippus mentionem facit VII 33: *περὶ δὲ τῶν ὑποσχέσεων ὧν ὑμῖν διατελεῖ ὑπισχνούμενος ὡς μεγάλα ὑμᾶς εὐεργετήσων καταψεύδεσθαί μέ φησιν αὐτοῦ διαβάλλοντα πρὸς τοὺς Ἕλληνας· οὐδὲν γὰρ ὑμῖν πώποτέ φησιν ὑποσχῆσθαι*, ita ut Libanius ex Hegesippi oratione hausisse videatur, quod tamen fieri nequit, cum Libanio vel auctori, quem secutus est, ne in mentem quidem venerit et Demosthenis orationem VI et Hegesippi orationem eadem occasione habitas esse. Restat ergo, ut et in Philippicis historiis et ab Hegesippo verba ex Philippi litteris afferantur, quod maximi esse momenti videtur. Confirmatur enim id, quod de anno, quo Hegesippi oratio habita est, enucleavimus. Libanius enim pergit: *ἔπεμψαν δέ μετὰ Φιλίππου καὶ Ἀργεῖοι καὶ Μεσσήνιοι πρέσβεις εἰς Ἀθήνας*

---

1) Isocrates Panath. 159: *ἡμεῖς δὲ καὶ Σπαρτιᾶται συμμαχίας ἡμῖν ὑπαρχούσης.* 2) VI 19—27.

αἰτιώμενοι καὶ οὗτοι τὸν δῆμον, ὅτι Λακεδαιμονίοις καταδουλουμένοις τὴν Πελοπόννησον εὔνους τ' ἐστὶ καὶ συγκροτεῖ, αὐτοῖς δὲ περὶ ἐλευθερίας πολεμοῦσι ἐναντιοῦται. Eodem tempore cum legati Philippi epistulam, quam Hegesippus commemorare modo vidimus, Atheniensibus detulerint, Argivorum et Messeniorum legatos Athenos pervenisse. Quando id factum est? Comparanda sunt, quae Dionysius affert[1]); *μετὰ δ' Ἀρχίαν ἐστὶν Εὔβουλος, εἶτα Λυκίσκος, ἐφ' οὗ τὴν ἑβδόμην τῶν Φιλιππικῶν δημηγοριῶν διέθετο πρὸς τὰς ἐκ Πελοποννήσου πρέσβεις ταύτην τὴν ἀρχὴν ποιησάμενος· Ὅταν ὦ ἄνδρες Ἀθηναῖοι, λόγοι γίγνωνται.* Quod Dionysius secundam Philippicam anno 344/3 habitam esse putat, non curamus, quaerendum tamen est, qua de causa id fecerit. Cum in secunda Philippica multae res in Peloponneso gestae narrentur, Dionysius (et viri docti quidam recentioris aetatis) eam contra Peloponnesiorum legatos habitam esse putabat. Legatos autem Peloponnesiorum anno 344/3 Athenas pervenisse in Philochori annalibus libris narratum invenit grammaticus[2]). Eodem anno ac legatio Peloponnesiaca secundum Libanium Philippi legati Athenas se contulerunt, qui litteras Philippi conferrent, contra quas Hegesippum orationem habuisse ex ipso Libanii testimonio constare modo vidimus. Sequitur, ut oratio Hegesippi 344/3 habita sit. Confirmantur ergo, quae supra de orationis anno dicta sunt. Cum autem quasi disputationis fundamentum annum orationum VIII—X iecerimus, etiam ea, quae de orationum VIII—X temporibus conclusimus, comprobantur.

Vidimus ergo verisimile esse legationem Atheniensium in or. VII—X commemoratam eandem esse atque illam, cuius in or. VI mentio fit; anno 344/3 Philippum Peloponnesiosque Athenas legatos misisse.

Redeat, unde aberravit disputatio: rectene Libanius et Dionysius orationem VI contra legatos a Philippo et Peloponnesiis missos scriptam esse dicunt? Vel potius quaerendum est, an totius Graeciae status eodem modo et oratione VI et oratione VII describatur? Res disputatione eget. Suo enim iure Weilius dicit[3]): L'assertion de Libanius, ainsi que celle de Dionys ne repose probablement que sur une combinaison. Les historiens qu'ils avaient sous les yeux ne faisaient sans doute aucune mention spéciale de la seconde Philippique de Démosthène.

Ex orationis VI 28 orationem scriptam esse apparet, ut, quid legatis quibusdam Athenis versantibus respondeatur, exponatur. Primum quaerendum est, a quo legati illi Athenas missi sint, de qua re inter

1) ad Amm. 1, 10.

2) quae res infra (p. 40) demonstranda erit.

3) Les Harangues p. 215, 4.

viros doctos non constare videtur. Grote XI 615, 4 orationem contra legatos Peloponnesiacos habitam esse putat; Schaeferus eum sequitur, concedit tamen Philippi legatos adfuisse, qui legatos Peloponnesiacos adiuvarent[1]).

In prima orationis parte orator dixit regem sibi Thebanorum, Argivorum, Messeniorum amicitiam conciliasse, ut adiutores *τῆς ἑαυτοῦ πλεονεξίας* haberet. Quamquam foedus et amicitiam cum Athenis, urbe maxima, quae mari imperaret, conciliatam maxime sibi prodesse sciret, ipsum tamen regem intellexisse id nunquam fieri posse. Cum autem Athenienses consiliis suis audacissimis semper restituros esse sibi persuasum esset, eum urbem delendam esse intellegere. Quam rem omnibus consiliis, omnibus foederibus ictis spectare regem (VI 18 *διὰ ταῦτ' ἐγρήγορ', ἐφέστηκεν, ἐπὶ τῇ πόλει θεραπεύει τινὰς, Θηβαίους καὶ Πελοποννησίους*).

Quid tales sententias proferens sibi voluisset, si necesse esset respondere legatis Peloponnesiacis, qui Athenienses incusaverant, quod Peloponnesios, quominus pro libertate contra Lacedaemonios dimicarent, impedivissent? Ex eo, quod Demostheni Philippum urbi inimicum esse demonstrandum erat, Philippum urbis amicum visum esse concludendum est. Quae cum contra legatos quosdam proferat, Philippi legatos adfuisse concludendum est, qui condiciones aequissimas ferrent. Quae res confirmatur § 6, quo loco Demosthenes Athenienses rogat, ut audiant rationes, *δι' ὧν ἐχθρὸν ἡγοῦμαι Φίλιππον, ἵν' ἂν μὲν ἐγὼ δοκῶ βέλτιον προορᾶν, ἐμοὶ πεισθῆτε, ἂν δ' οἱ θαῤῥοῦντες καὶ πεπιστευκότες αὐτῷ, τούτοις προσθῆσθε.* Erant ergo, qui dicerent Philippo fidem habendam conditionesque, quas legati tulerant, accipiendas esse.

Sequuntur ea, quae de legatione in Peloponnesum facta Demosthenes narrat. Quid illa digressione facta sibi velit orator, ex § 27 apparet. Quomodo Athenienses res gerere soleant, id quasi speculo repercussum civibus suis ostendit. »At, quod Peloponnesii de Philippi dolis atque fallaciis certiores facti tamen res male gerunt, non miramur. Sed intellegi non potest vos, quibus ostendi, *ὡς ἐπιβουλεύεσθ' ὡς ἐπιτειχίζεσθε*, futuro non curare, dummodo nunc opibus floreatis ac fruamini.«

Quibus verbis orator ad ea, quae legatis responderi necesse sit, transit. Opinor ergo Demosthenem legatis a Philippus missis respondisse, qui tam aequas condiciones tulerant, quam legati, contra quos Hegesippus orationem habuit.

---

1) II² 355, 1. Aber davon bin ich auch überzeugt, daß die makedonischen Abgesandten keinen weiteren Auftrag hatten, als das Begehren der Argiver und Messenier zu unterstützen.

Quo ergo anno rex legatos illos Athenas misit? Ex § 15 Philippum cum exercitu a Peloponnesiis exspectari apparet: *ξένους εἰσπέμπει καὶ χρήματ' ἀποστέλλει καὶ δύναμιν μεγάλην ἔχων αὐτός ἐστι προσδόκιμος.* Cum Philippus cum exercitu a Peloponnesiis exspectaretur, in Graecia versabatur, quod et anno 346 et anno 344/3 factum est. Cum anno 346 orationem habitam esse nemo putet, anno 344/3 habita est. Philippum anno 344/3 revera a Peloponnesiis exspectatum esse ex or. IX 72 apparet, quo loco Demosthenes legatione facta *εἰς Πελοπόννησον ὁρμῆσαι* prohibitum eum esse dicit. Quibus de causis verisimile est orationem VI a Demosthene eodem tempore (sc. vere 343) eademque occasione scriptam esse, qua Hegesippus orationem VII habuit. Sequitur, ut legatio, cuius in orationibus VII—X mentio fit, eadem sit atque illa in oratione VI commemorata, quaem rem iam per se verisimilem esse supra vidimus.

Quibus omnibus unum repugnare videtur, quod Demosthenes in oratione contra Olympiodorum habita § 24 Pythodoto eponymo exercitum civium Atheniensium in Acarnaniam missum esse narrat, qua expeditione Acarnaniam, Ambraciam, Peloponnesum servatas esse Schaeferus[1]) putat. Quae si ita essent, Philippus in Epiro etc. hieme 343/2 versatus esset et Hegesippus orationem habuisset. Sed si Philippo praesente exercitus Atheniensium in Acernaniam pervenisset, bellum statim exarsisset. Multo verisimilius est Athenienses Philippo in Thraciam profecto Arybbam in regnum restituere conatos esse, quod se facturos esse polliciti erant[2]), quam ad rem infeliciter temptatam referri possunt Demosthenis verba VIII 12:

εἶτ' οἶμαι συμβαίνει, τῶι μὲν ἐφ' ἃν ἔλθηι, τοῦτ' ἔχειν κατὰ πολλὴν ἡσυχίαν, ἡμῖν δ' ὑστερίζειν καὶ ὅσ' ἂν δαπανήσωμεν, ἅπαντα μάτην ἀνηλωκέναι (cf. X 20).

IV. De Artaxerxe III Ocho.

X orationis, quam vere anni 342 compositam esse vidimus, §§ 31 sqq. Hermiam Atarnensem a Persarum rege captum esse narrari iam dudum constat et Didymi verbis nunc confirmatum est. Secundum Apollodorum[3]) Aristoteles apud tyrannum inde ab anno 348/47 usque ad annum 346/5 versatus anno 345/4 Mytilenam se contulit. Judeich[4]) Strabonem, qui XIII p. 610 Aristotelem Assum propter Hermiam captum reliquisse putare videtur, secutus Hermiam anno 345 captum esse ponit dicens[5]): Der Aufenthalt der Philosophen Aristoteles

---

1) II² 427. 2) GIA II 115. 3) ed. Jacoby p. 317.
4) Kleinasiatische Studien p. 220. 5) l. c. p. 220, 1.

und Xenocrates bei Hermias von 348/7 Ol. 108, 1 bis 346/5 Ol. 108, 3 und ihre Flucht infolge von Hermias Gefangennahme sind zwei überlieferte Tatsachen, an deren Glaubwürdigkeit nicht gerüttelt werden darf[1]). Cum Hermiam mortuum esse nondum ab Atheniensibus acceptum esse, immo tyrannum paulo ante captum eamque ob rem quaestionem nondum habitam esse ex Demosthene appareat, aut oratio X anno 345 composita est aut Hermias 343/2 victus est. Cum illud factum esse nemo concedat, equidem id, quod apud Strabonem scriptum legimus, Strabonem ipsum coniecisse putaverim. Hermiam enim non anno 345 captum esse ex eo apparet, quod Mentorem Aegypto subacta bellum contra Hermiam gessisse constat[2]), Aegyptum autem non ante annum 345 pacatam esse verisimile est. Qua de re nobis disputatio etiam aliis de causis, ut videtur, utilis instituenda est, quamquam timeo, ne in hominum quorundam numerum incidam, de quibus vir doctus Gutschmid dixit: Die Grenzmarken der klassischen und orientalischen Philologie sind von jeher der Tummelplatz gewisser Leute gewesen, die um den Konflikten mit der gelehrten Polizei beider Gebiete aus dem Wege zu gehen, sich in jenes Asyl geflüchtet haben und von dort aus den Büchermarkt mit ihren obskuren Produkten überschwemmen.

Priusquam Aegyptus subacta est, urbs Phoeniciae Sidon a rege Persarum expugnata est, quae res digna, quae examinetur, videtur esse, quod, simulatque, quo anno Sidon a rege Ocho expugnata sit, enucleavimus, constituere possumus, quibus temporibus legati illi, de quibus Diod. 16, 44, 1 sqq. narrat, a Persarum rege Athenas missi sint.

Ern. Babelon in libro, qui inscribitur Les Perses Achéménides (Paris 1893), seriem regum Sidoniorum ex fontibus, qui, ut ita dicam, tabularum instar videntur esse, hauriens constituit[3]). Babelon nummos Sidonicos inventos ita disponit, ut septem partes factae sint, quarum, quae examinentur, quinque dignae esse videntur:

1) nummi litteris non inscripti, quos, cui regi tribuendi sint, nescimus.

2) nummi litteris עב inscripti, per quod compendium secundum Babelon nomen, quod est עבדעשתרת, sc. nomen cuiusdam regis, quem Graeci Stratonem appellare videntur, notatum est..

3) nummi (No. 1574—1578), qui et numeris 1—4[4]) et litteris תע significati sint, per quas notas nomen תננת secundum Babelon significatur. Illud nomen autem idem ac Τέννης (quem Diodorus

1) Nec aliter Schaefer I² 485, Bergk Mus. Rhen. 37, 359, Dittenberger Syll. 97.

2) Diod. XVI 52, 1. 3) p. CLXXIX sqq.

4) Equidem in nummis, quos Babelon in catalogo describit, non nisi numeros 1—3 inscriptos inveni.

commemorat) esse Babelon negat. Numeris 1—3 vel 4, quo regis Tennis anno nummi percussi sint, significari.

4) nummi (No. 1579—82) et numeris 1—3 et litteris עע inscripti, per quod compendium nomen עעגורא = Euagoras significari Babelon dicit.

5) nummi (No. 1583—1618) et numeris 1 usque ad 13 et litteris עב (sc. Strato II. cf. supra 2) significati.

Stratonem ergo II non minus quam per 13 annos, Euagoram non minus quam per 3 annos regnasse. Si primus annus, quo Strato II regnavit, etiam supremus Euagorae fuerit (verisimile enim est Stratonem statim, cum regnare coepisset, nummos percussisse), Euagoras, cum Stratoni Alexandrum mense Jan. 332 imperium dempsisse constet, anno 347/6 regnare coepit. Non ergo prius quam hoc anno Sidon capta est. Babelon ipse ita rationem instituit:

Tennes	362—350
Interregnum	350—349
Euagoras	349—346
Strato II	346—332

Sidonem ergo 350 captam esse ponit. At cum non constet, immo quod pauci nummi nobis servati sunt, ne verisimile quidem sit nos nummos supremi anni et Euagorae et Stratonis habere, Euagoram ergo non plus quam tres annos et Stratonem non plus quam 13 annos regnasse, suspicari possumus Sidonem non anno 350, sed multo ante expugnatam esse, quod nemo credat.

Praeterea de rationibus a Babelonio propositis dubitandum esse videtur:

1) Babelon dicit[1]): Son successeur (sc. Stratonis II) porte dans Diodore de Sicile le nom de Tennès, ce sont les initiales de Tennès que nous avons proposé de reconnaître dans les lettres תע de toutes les pièces qui forment la 3e groupe. D'après cette orthographie, il n'y a plus lieu de maintenir le rapprochement, admis jusqu' ici conjecturalement entre le nom de Tennès et celui de Tabnit. Sane nomen regis in inscriptionibus Sidoniis[2]) semper תבנת scribitur, quod, an per compendium תע notari possit, dubitandum est. At etiam, an תע = Tennes, cuius forma Semitica non nota est, sit, ignoramus.

2) Unde apparet Euagoram regem Sidonis factum esse? Apud Diodorum 16, 46, 2 non nisi haec tradita inveniuntur: *ἄλλης ἡγεμονίας ἠξιώθη κατὰ τὴν Ἀσίαν μείζονος.*

Praeterea: Babelon dicit: Nous avons vu qu' à Cypre même Evagoras frappa, comme satrape du roi de Perse, des monnaies, sur lesquelles son nom se trouve déjà représenté par un aïn ou par deux

1) p. CLXXXIII. 2) Corpus inscr. Sem. No. 3, l. 2 et 14.

aïns phéniciens[1]). Nummos Sidone inventos littero ע significatos Euagorae esse, Euagoram ergo regem Sidonis factum esse Babelon con cludi Sed quamobrem ο vel οο nummis Salaminiis inscripta notae nominis Euagorae sint, nescio. עעגורא enim *Εὐαγόρας* vel potius *Εὐϝαγόρας*[2]) esse non traditum est. Praeterea ο littera non modo in nummis illis Sidonicis et Cypriacis, sed etiam in nummis Ciliciae et Aegypti legitur. Exempli gratia affero nummos No. 360 et 370 littera ο significatos, quos Babelon in Aegypto percussos esse dicit. Etiam nummi Ciliciae No. 202—04 a Mazaio, ut ipsi Babeloni videtur, percussi ο littera significati sunt. Quid illa ο littera sit, omnino ignoramus.

3) Quid numeris illis nummis inscriptis significatum sit, non notum est.

Quibus de causis ab iis, quae Babelon coniecit, discedendum esse mihi videtur. Ne ad ea quidem, quae ex Manethonis annalibus libris servata habemus, confugere licet, cum fragmenta apud Africanum, Eusebium, Hieronymum tradita inter se non congruant. Secundum Africanum Ochus 2, Arses 3, Darius 4 annos in Aegypto regnaverunt. Ochus ergo, cum Alexander anno 332 ineunte in Aegyptum profectus sit, 1. Thot = a. d. XVI Kalendas Decembres anni 341 Aegyptum regnare coeperit[3]), quod nullo modo fieri potest, cum Mentor Aegypto subacta 343/2 Hermiam ceperit.

Secundum Eusebium in Aegypto Ochus 6 annos, Arses 4, Darius 6 regnaverunt. Quam ob rem

1.	annus	Alexandri	Nov.	332	incipit
6.	»	Darii	»	333	»
1.	»	»	»	338	»
4.	»	Arsis	»	339	»
1.	»	»	»	342	»
6.	»	Ochi	»	343	»
1.	»	»	»	348	»

Cum ex canone, qui vocatur Ptolemaei, Arsem 2 annos regnasse constet, etiam Eusebio nulla fides habenda est.

Hieronymus ad 15. annum Ochi adscribit: »Ochus Aegyptum tenuit, Nectanebo in Aethiopiam pulso, in quo Aegyptiorum regnum destructum est. Huc usque Manetho.« 15. annus Ochi, cum Ochus secundum canonem Ptolemaicum 1. die mensis Thot = a. d. XI Kal. Dec. 359 regnare coeperit, secundum rationem Aegyptiacam is annus numeratur, qui inde ab mense Nov. 345 usque ad Nov. 344 est, secundum rationem Babylonicam, qui inde a mense Martio 344 usque ad

1) No. 620—26. 2) cf. nummos Graecos Cypriacos Coll.-Bechtel p. 54.
3) Ed. Meyer, Forschungen z. a. Gesch. p. 492.

mensem Mart. 343 est. At ad 19. annum Ochi Hieronymus adscribit: »Ochus Sidoniam subvertit et Aegyptum suo iunxit imperio«, annum 341/0 vel 340/39 significans. Quae verba quod non congruunt cum iis, quae ex Hieronymo supra attulimus et ex Manethone hausta esse constat (»Huc usque Manetho«), non ex Manethonis libris annalibus fluxisse apparet. Cum ergo ea, quae ab Africano, Eusebio, Hieronymo tradita sunt, inter se non congruant, nihil relinquitur, nisi ut ad Diodori narrationem confugiamus, quam Judeich[1]) non recte pertractasse videtur.

Diodorus postquam Aegyptios a Persarum rege defecisse regisque imperatores contra eos rem male gessisse breviter exposuit[2]), c. 42, 1 sqq. narrat anno 351/50 regem, cum bellum contra Aegyptios pararet, contra Phoeniciam Belesyn, Syriae satrapam, et Mazaeum, Ciliciae satrapam, bellum gerere iussisse, eos autem a Mentore, Aegyptiorum regis imperatore, victos esse. Eodem tempore[3]) seditionem fecisse Cyprios, contra quos Idrieus, Cariae rex, regis Persarum iussu Phocionem et Euagoram cum exercitu in Cyprum miserit.

43, 1: regem Persarum magno cum exercitu in Syriam profectum legatos in Graeciam misisse, qui auxilium peterent. c. 45: Auxiliis a Graecis nondum missis regem Sidonem expugnavisse.

46, 1 sqq. Anno 350/49 Cyprios praeter Salaminios sese in regis potestatem permisisse. Euagoram per breve temporis spatium regem Cypri factum esse.

46, 4 Auxilia a Thebanis et Argivis missa in Asiam pervenisse 46, 5 *καταντήσας* (sc. *βασιλεύς*) *δ' ἐπὶ τὴν μεγάλην λίμνην, καϑ' ἣν ἔστι τὰ καλούμενα Βάραϑρα, μέρος τῆς δυνάμεως ἀπέβαλε διὰ τὴν ἀπειρίαν τῶν τόπων .... διελϑὼν δὲ τὰ Βάραϑρα μετὰ τῆς δυνάμεως ὁ βασιλεὺς ἧκεν εἰς Πελούσιον.* Quae ad Diodori verba referenda esse putat Judeich ea, quae Isocrates V 101 dicit: *Αἴγυπτος μὲν γὰρ ἀφειστήκει μὲν καὶ κατ' ἐκεῖνον τὸν χρόνον* (sc. Artaxerxis II), *οὐ μὴν ἀλλ' ἐφοβοῦντο, μή ποτε βασιλεὺς αὐτὸς ποιησάμενος στρατείαν κρατήσειε καὶ τῆς διὰ τὸν ποταμὸν δυσχωρίας καὶ τῆς ἄλλης παρασκευῆς ἁπάσης· νῦν δ' οὗτος ἀπήλλαξεν αὐτοὺς τοῦ δέους τούτου· συναγαγὼν γὰρ δύναμιν, ὅσην οἷός τ' ἦν, πλείστην καὶ στρατεύσας ἐπ' αὐτοὺς ἀπῆλϑεν ἐκεῖϑεν οὐ μόνον ἡττηϑεὶς ἀλλὰ καὶ καταγελασϑεὶς καὶ δόξας οὔτε βασιλεύειν οὔτε στρατηγεῖν ἄξιος εἶναι.* Cum Isocratem quintam orationem aestate anni 346 ineunte scripsisse constet[4]) et in ea describatur, quomodo illo tempore res se habuerint, Judeich dicit: Im Frühjahr 346 hat Ochus den ersten Vorstoß gegen Ägypten gemacht, ist aber, da er die richtige Zugangsstraße verfehlte und infolge

---

1) Studien 172. 2) 16, 40, 3 sqq.
3) 42, 3 *Ἅμα δὲ τούτοις πραττομένοις.* 4) Schaefer II^{2} 235.

dessen einen Teil seiner Truppen in den Sümpfen verlor, auf seine Operationsbasis Phönikien zurückgegangen. Contra ea mihi dicendum esse videntur primum Diodorum, qui res gestas plene et accurate pertractat, regem propter calamitatem in Barathris factam sese recepisse non tradere. Immo Diodorus regem multis copiis amissis Barathra, quae vocantur, transiisse narrat. Tum Isocrates dilucide regem pugna victum esse (*ἡττηθείς*) et clade accepta se recepisse dicit.

Sequitur, ut verba Isocratis non ad ea, quae Diodorus 46, 5 narrat, sed ad cladem, quam Belesys et Mazaeus acceperunt, vel potius ad bellum calamitosum 40, 4 sqq. commemoratum referenda sint: *ἀποστέλλων δυνάμεις καὶ στρατηγοὺς πολλάκις ἀπετύγχανεν διὰ τὴν κακίαν καὶ ἀπειρίαν τῶν ἡγεμόνων. διὸ καὶ καταφρονηθεὶς*[1]) *ὑπὸ τῶν Αἰγυπτίων ἠναγκάζετο καρτερεῖν διά τε τὴν ἀργίαν καὶ τὸ τῆς ψυχῆς εἰρηνικόν.* cf. § 3 *κατὰ δὲ τὴν Ἀσίαν ὁ βασιλεὺς τῶν Περσῶν ἐν μὲν τοῖς ἐπάνω χρόνοις στρατεύσας ἐπ' Αἴγυπτον πολλοῖς πλήθεσι στρατιωτῶν ἀπέτυχε* .....[2]).

Praeterea Isocrates totum locum (*καταγελασθεὶς καὶ δόξας οὔτε βασιλεύειν, οὔτε στρατηγεῖν ἄξιος*) certe non scripsisset, si Sidon expugnata et Phoenicia subacta esset[3]). Immo § 102 his ipsis verbis Cyprios et Phoenices in seditione, nondum ergo subactos esse dicit[4]). Sequitur, ut Sidon post aestatem anni 346 ineuntem expugnata sit.

Certe Sidon post autumnum 348 capta est. Post enim autumnum 348[5]) Periplus, qui fertur Scylacis, conscriptus est. Quo in libro Sidon civitas libera vocatur eiusque provinciae enumerantur.

Praeterea Phocion, ut videbimus, non ante annum 347 ineuntem pro Idrieo contra Cyprios bellum gessit. Sidonem autem multo post bellum Cypriacum tempore interiecto captam esse constat.

Sidonem ante mensem Octobrem anni 345 expugnatam esse ex titulo quodam Babylonico apparet, quem cum neque Strassmayer, qui inscriptionem in Actes du 8. congrès des Orientalistes II, Section I, Sé-

---

1) cf. Isocr.: *καταγελασθεὶς καὶ δόξας οὔτε βασιλεύειν κτἑ.*

2) Quod Isocrates regem ipsum summae imperii praefuisse dicit, orationem ornavit atque illustravit non aliter ac Demosthenes XV 11 sq.: *πράττοντος μὲν ἐν Αἰγύπτωι πάνθ' ὡς ὥρμηκε βασιλέως* ...... *πράττοντος δ' ὡς λέγεται καὶ διημαρτηκότος οἷς ἐπεχείρησεν.* Isocratem ipsum regem non rebus praefuisse cognovisse ex antithesi, quae est *αὐτὸς ποιησάμενος στρατείαν*, apparere videtur.

3) quam expugnationem Judeich p. 149 anno 348 vel 347 factam esse coniecit.

4) *τὰ τοίνυν περὶ Κύπρον καὶ Φοινίκην καὶ Κιλικίαν καὶ τὸν τόπον ἐκεῖνον, ὅθεν ἐχρῶντο ναυτικῶι, τότε μὲν ἦν βασιλέως, νῦν δὲ τὰ μὲν ἀφέστηκε, τὰ δ' ἐν πολέμωι καὶ κακοῖς τοσούτοις ἐστὶν ὥστ' ἐκείνωι* (sc. *βασιλεῖ*) *μὲν μηδὲν εἶναι τούτων τῶν ἐθνῶν χρήσιμον* . . .

5) Olynthus enim urbs Macedonica § 66 apellatur. cf. Unger Philol. 33, 37.

mitique B, No. 28 edidit, neque Ed. Meyer[1]), qui primus titulum Artaxerxis Ochi esse cognovit, recte intellexerint[2]), verba ipsa, quae scripta sunt, afferre liceat. Titulum mihi, qua est benignitate, vir doctissimus F. C. Andreas interpretatus est. Valde dolendum est, quod non omnia tituli verba adhuc explicari possunt.

1. šanat] 14-tu Umasu ša Artakšatsu
šumu-šu nabû]-u arah Tišrutu amelu šar-tu ša šarri
ša] mât Ṣi-da-nu šar-tu ša Bâbilu u alu Šu-ša-an
. . . . . . arhu šuâtu ûmu 13-tu amelu ṣab iṣû
5. . . . . . . bi-šu-nu ana Bâbilu eribû-ni.
ûmu 16-tu aššâti enšâti šar-tu ša mât Ṣi-da-nu
ša šarru ana Bâbilu iš-pur. ûmu šuâtu
ana ekal šarri eribû . . .

1. suppl. Strassm. — 2. suppl. Strassm. — 3. suppl. Andreas. — 5. Strassmayer: lib-bi-šu-nu?

Versio latina:

1. anno 14 (τοῦ) Umasu cuius Artaxerxes
eius nomen appellabant. Mense Tišri (homines) šartu regis
Terrae Sidonis, šartu Babylonis et urbis Susae
. . . . . Eiusdem mensis 13. die homines militares humiles
5. . . . . bi-šu-nu Babylonem intraverunt.
16. die feminas enšâti (τοῦ) šartu terrae Sidonis
regis Babylonem misit. Jisdem diebus
in domum regis intraverunt . . . .

---

lin. 1. Dubitari non potest, quin in titulo Artaxerxes Ochus commemoretur. Primum enim fieri non potest, ut Artaxerxes I, ut Strassmayero visum est, Umasu appelletur. Nam ex titulis a Strassmayero (Actes No. 23, 25, 26, 29—30) editis apparet Artaxerxem I non Umasu, sed šar mâtâti (dominum (orbis) terrarum) cognominari. Tum tabula quadam astronomica constat[3]) anno 351 regem Persarum quendam regnasse, cuius cognomen per eosdem cuneos [illegible] scribitur ac rex in titulo supra allato commemoratus. Anno 351 autem Ochum regnasse ex canone Ptolemaico apparet. Deinde secundum Andream verisimile est Umasu vel Umuasu (quae forma ex illo אמוס Eliae Nisibiensis apparere videtur) nihil esse nisi formam integram

1) Forschungen z. a. Gesch. p. 466.

2) Strassmayer p. 282 inscriptionem Artaxerxis I esse dixit eamque significavit: Ein kurzer Bericht über einen Einfall in Babylon.

3) Strassmayer, Z. f. Assyriologie. VII, p. 199 sqq.

nominis Persici babylonice versam, cuius prima pars, quae est Bab. Umu = Pers. Vahu = Graec. Ὦχος, nomen ὑποκοριστικόν est. Umas(u) igitur vel Umuas(u) secundum Andream = Εὔπολις esse videtur. —

lin. 2. amelu šartu: šartu est magistratus regius terrae Sidoniae praefectus. amelu est determinativum, quod vocatur.

lin. 5. šu-nu syllabis suffixis numerus pluralis indicatur.

lin. 6. šartu fortasse subiectum verbi išpur est. Itaque: magistratus terrae Sidoniae praefectus misit feminas, quae verbo enšâti (quod verbum quid significet, non liquet) determinantur.

Ante mensem Tišri 14. anni Artaxerxis i. e. ante mensem Oct. anni 345 Sidonem expugnatam esse ex prima tituli linea apparet. Linea enim 2 sq. et 6 magistratus regius terrae Sidoniae praefectus commemoratur, et l. 6 sqq. Phoenissae in domum regis Persarum missae esse narrantur. Quas feminas si captivas esse ponamus, Sidon aestate vel autumno 345 expugnata sit.

Cum Hermiam exeunte 343 (vel ineunte 342) anno victum esse verisimile sit, Aegyptus post autumnum 345 et ante autumnum 343 subacta est. Nunc id, quod ab Hieronymo traditum est Aegyptum 15 anno Artaxerxis i. e. anno 344 subactam esse, alicuius momenti esse videtur. Mentor enim ad Hermiam pervenire eumque capere non potuit nisi aliquo temporis spatio intermisso post Aegyptum subactam, ita ut non longe a vero abesse videamur, si Aegyptum 344 expugnatam esse ponimus.

Valde dubito, an Judeich[1]) Phoenices et Cyprios iam anno 351/50 Idrieo rerum summa potito rebellionem fecisse Ochumque anno 349 in Phoeniciam pervenisse et inde legatos in Graeciam misisse recte statuerit. Quaeri enim potest, quid inde ab anno 351/50 usque ad annum 346 factum sit. Praeterea ex titulo illo CIA II 108 constat Athenienses initio anni 349 Orontam adiuvasse, regi ergo Persarum anno 349 inimicos fuisse. Quomodo autem factum est, ut Athenienses, qui 350 vel 349 se cum rege Persarum amicitiam acturos esse promiserant, eodem tempore regi inimici essent satrapamque rebellantem adiuvarent? Legati ergo ab Ocho multo post missi sunt.

Quando? Constat Phocionem, cum Cyprii rebellionem fecissent, rebus gestis interfuisse. Phocion autem inde a vere 348[2]) usque ad autumnum 348[3]) bellum contra urbes Euboeicas gessit. Verisimile

---

1) p. 171 et. 174. 2) cf. Weil, Harangues 163 sq.
3) cf. Aesch. 2, 12 sqq.: Pacem cum urbibus Euboeicis autumno 348 sc. paulo ante Olynthum captam factam esse inde apparet

cutum esse etiam ex 18 apparet: *ὥστ' ἔγωγε οὐκ ὀκνήσαιμ' εἰπεῖν μᾶλλον ἡγεῖσθαι συμφέρειν δημοκρατουμένους τοὺς Ἕλληνας ἅπαντας πολεμεῖν ἢ ὀλιγαρχουμένους φίλους εἶναι κτἑ. Οἱ πλούσιοι* autem non solum oligarchias, quae dicuntur, impositas patiebantur, sed etiam ipsi imponebant ut Corcyrae[1]). Quamobrem assentiendum est Schwartzio qui dicit[2]): Demosthenes hatte schon vor geraumer Zeit die Friedenspartei verlassen. . . so völlig war der Fahnenwechsel, daß er in der rhodischen Frage vor der Aufgabe stand, alles zu widerrufen, was er vor ein paar Jahren geraten hatte. Quae si ita sint, post quem annum oratio scripta sit, dici potest. Orationes enim Leptinea, Androtiona, Timocratea pro partibus divitum compositae sunt. Leptinea enim contra Aristophontem aliosque plebis sectatores pro Chabriae filio scripta est et in ea Chabrias, Timotheus, Iphicrates, quibus imperatoribus divites favebant, non solum laudibus efferuntur, sed etiam honores, quibus affecti erant, tributos non minus vehementer defendit quam in Aristocratea vituperat. Jisdem fere temporibus Androtiona[3]) habita est. Pro iisdem partibus contra eundem Androtionem Demosthenes orationem in Timocratem scripsit. Etiam hanc orationem pro divitibus scriptam esse ex eo apparet, quod Demosthenes Callistratum laudat[4]), Melanopum, Callistrati inimicum[5]), vehementissime insectatur. Sin autem Timocratea 353/352[6]), scripta est, apparet orationem XV post annum 352 habitam esse. Nam illa pro divitibus, haec pro partibus plebis composita est. Cum in oratione 11 et 27 Artemisia, Cariae regina, commemoretur, oratio non post anni 351/50 primam partem (anno enim 351/50 Idrieus regnare coepit) scripta est[7]). Cum in oratione 11 sq. calamitosi illius belli a regis imperatoribus gesti mentio fiat, bellum 352 vel 351 gestum est.

Res breviter complecti liceat: 352 vel 351 Aegyptii a rege Persarum defecerant. Rex, ut Aegyptios in potestatem suam redigeret, imperatores cum exercitibus emisit, qui tamen res male gesserunt[8]). Quamobrem bellum dilatum atque paene restinctum sit, non traditum est. Suspicor autem regem primo Orontam, qui illis temporibus rebellaverat[9]), subegisse. Post annum 348 bello Euboeico gesto, cum

1) Diod. XV, 95 et Aen. *ὁ τακτ.* 11, 13. 2) p. 50.

3) Androtianam Dionysius anno 355/4 habitam esse dicit (ad Anm. I, 4), qua de re dubito. Si oratio anno 355/4 habita esset, senatus anno 356/55 naves aedificandas neglexisset, quam rem, cum illo anno Athenienses bellum sociale gererent, nemo credat. Oratio ergo 354/3 habita est, quod iam Schwartz vidit (P.-W. s. v. Androtion).

4) 135. 5) Ar. Rhet. 1, 14, p. 1374b. Anaxandrides ap. Athen. p. 553d.

6) Schaefer I², 388. 7) cf. quae p. 40 sqq. exposui. 8) Diod. 16, 90, 3 sq.

9) Dem. XV, 31 CIA 108. Orontas denuo rebellaverat aut nondum in potestatem regis redactus erat?

etiam Cyprii et Phoenices a Persis deficerent, rex strenue in Aegyptios agere coepit. In Cyprum Idriea cum exercitu misit. Ipse post primam anni 346 partem bello parato in Phoeniciam profectus est, postquam Belesys et Mazaeus a Tenne rege Mentore adiuvante ex Phoenicia propulsati sunt. Ex Phoenicia rex legatos, qui auxilia peterent, in Graeciam misit (346)[1]. Laedaemonii et Athenienses auxilia mittere et foedus icere recusaverunt, sibi autem cum rege amicitiam fore dixerunt. De auxiliis mittendis societateque ineunda per longius, quam ex Diodoro apparet, temporis spatium actum esse videtur. His enim temporibus etiam Atheniensium legatos apud regem fuisse constat[2], quorum unus Aeschinis frater natu minor Aphobetus erat. 345, ut videtur, Sidon expugnata et anno 344 exeunte Aegyptus subacta est. Quas ad res ita dispositas optime ea, quae nunc apud Philochorum scripta legimus[3], quadrant. Anno enim 344/3 Lycisco eponymo legatio regis Athenas pervenit. Ochus enim Aegypto subacta Asiam minorem, quam vocamus, praecipue Hermiam in potestatem suam redigere sibi proposuit eamque ob rem Mentorem in Asiam misit. Metuit tamen, ne Athenienses sibi prope urbes Graecas bellum gerenti difficultates afferrent. Quamobrem amicitiam cum iis iungere conatus est. Athenienses quidem anno 344/3 timuisse, ne rex urbes Graecas in Asia sitas aggrederetur, ex eo apparet, quod regis legatis responderunt: *διαμενεῖν βασιλεῖ τὴν φιλίαν, ἐὰν μὴ βασιλεὺς ἐπὶ τὰς Ἑλληνίδας ἴῃ πόλεις.* Anno 343 exeunte Hermias captus est.

V. De Philippi epistula (Dem. XII).

Tribus argumentis Schaeferus[4], ut epistulam Philippi, quae in Demosthenicarum orationum corpore tradita est, non genuinam esse demonstret, usus est. Primum sententiam Jacobii[5] secutus § 9 Sitalcam pro Cotye commemorari, cum Sitalcam non trucidatum, sed proelio contra Triballos facto necatum esse putat. Optime tamen Philippi verba ad Cotyem quadrare[6]. Contra ea iam Boehneke[7] attulit schol. ad Ar. Ach. v. 145, quo Sitalcam a Philippo commemoratum non eundem esse ac Sitalcam Thucydideum demonstratur. Tum Schaeferus dicit non ad fidem historiae pertinere verba Philippi, quae exstant § 22

1) Diod. 16, 44, 1 sqq.

2) Aesch. II, 149 Dem. XIX, 237 et 249. Optime ad legationis tempus, quod diximus, ea, quae Schaeferus de Aphobeto legato invenit I, 198, quadrat.

3) Did. 8, 18 sqq. 4) III, B. 112 sqq. 5) Dem. Staatsreden p. 419 sq.

6) Thuc. IV, 101. 7) cf. Dem. Arist. § 118.

πολλάκις γὰρ ἐμοῦ γράφοντος ἐν ταῖς ἐπιστολαῖς ὑπὲρ αὐτῆς (sc. *Ἀμφιπόλεως*) *ἐγνωκότες δικαίως ἔχειν ἡμᾶς* . . . . .[1]). *τότε μὲν ποιησάμενοι τὴν εἰρήνην ἔχοντος ἐμοῦ τὴν πόλιν, κἄιτα συμμαχίαν ἐπὶ ταῖς αὐταῖς ὁμολογίαις.* Jisdem enim temporibus et pacem et societatem conciliatam esse. At suo iure Boehneke opposuisse videtur [2]): fieri non potuit, ut rhetor quidam, qui ex Demosthenis Aeschinisque orationibus hauriebat, rem ita narret, ut Philippus. Philippum autem non perperam inter pacem et societatem distinxisse. Nam cum Athenienses primum legatos pacis conciliandae causa ad eum misissent, eum negasse constat se de pace acturum esse, nisi Amphipolis sub sua potestate remaneret [3]), quod legati Atheniensium concesserunt, ita ut pax conciliari posset. Non eo tempore, sed postea Athenis regis legati postulaverunt, ut etiam societatem Athenienses cum Philippo inirent. Quamobrem rex ita, ut fit, res enarrare potuit idque non sine certa causa fecit: ita enim duabus pactionibus constitutum videtur esse, ut Amphipolis in Philippi potestate remaneret. De tertio, quod Schaeferus ex Demosthenis orationis de corona § 79 sq. profert, argumento infra nobis dicendum est.

Altera ex parte multa sunt, quibus epistulam genuinam esse demonstretur. Simillima enim est epistulae, de qua Hegesippus in oratione de Halonneso agit, in qua argumenta a rege eodem modo prolata sunt [4]). Deinde multae res hac tantum epistula traditae sunt, ita ut non miremur, quod multi viri docti [5]) eam revera Philippi esse censuerunt. Nuper Wendland [6]), qui ultimus hanc rem tractavit, firmissimis, ut videtur, argumentis demonstravit in corpore Demosthenico revera epistulam Philippi, elocutione tamen ab Anaximene mutata, traditam esse. Tamen equidem dubito, an epistulam, quam rex anno 340/39 Athenas misit, manibus teneamus.

Ex oratione de corona §§ 76 et 79 apparet Philippum in epistula inimicos Athenienses uno Demosthene omisso commemorasse. Cum in epistula nobis tradita tale quid desideremus, Schaeferus epistulam non genuinam esset censet. Contra ea Wendland [7]) dicit: der Redaktor hat sich von seinen durch Isocrates stark beeinflußten stilistischen und rhetorischen Neigungen zu Änderungen bestimmen lassen, aber auch durch ein sachliches Interesse, das Streben der Milderung und Versöhnung der Gegensätze. Aus diesem Streben erklärt es sich, daß im Briefe die Nennung des Aristomedes (quem a Philippo commemoratum esse Didymi testimonio (col. 9, 44 sq.) constat) und der

1) post *ἡμᾶς* lacunam indicavit Weil. 2) l. c. p. 578.
3) cf. Schaefer II², 205, Beloch, Attische Politik seit Perikles, p. 191.
4) cf. Weil, Harangues p. 402. Blass III², 1, p. 395 sq.
5) Blass l. c., Weil l. c. 6) Hermes 39, 431 sqq. 7) p. 434.

politischen Gegner Philipps beseitigt ist. Schaeferus ergo argumento supra allato epistulam non genuinam esse non comprobavit. Tamen difficulter Demosthenis verba, quae exstant in or. de cor. § 79, ad epistulam nobis servatam referri possunt. Demosthenes enim dicit Philippum omnium, quae orator fecerit, in epistula mentionem non fecisse: *τοῖς ἄλλοις ἐγκαλῶν τῶν ἐμοὶ πεπραγμένων οὐ μέμνηται*. At § 3 Philippus accusat Athenienses, quod, cum Diopithes Thraciam vastaverit, *ταῦτα τῶι δήμωι συνδοκοῦντ' ἐποίησεν*. Demosthenes autem ipse in contione Diopithem (VIII, 8) defendit, ne a populo multaretur. § 6 sq. accusat rex Athenienses, quod ad Persarum regem legatos *περὶ τῆς ἐπιμαχίας* miserant. Demosthenes autem rogationem ad populum tulerat, ut legati mitterentur [1]. § 14 scribit rex: *καὶ διδόντος* (sc. *ἐμοῦ*) *αὐτῆι* (sc. *τῆι πόλει*) *τὴν νῆσον* (sc. *Ἁλόννησον*) *οἱ ῥήτορες λαμβάνειν μὲν οὐκ εἴων, ἀπολαβεῖν δὲ συνεβούλευον, ὅπως ὑπομείνας τὸ προσταττόμενον τὴν ἀλλοτρίαν ἔχειν ὁμολογῶ, μὴ προέμενος δὲ τὸ χωρίον ὕποπτος γένωμαι τῶι πλήθει*. Qui erant illi rhetores insidiosi, quos Philippus accusat? Non solum Hegesippus (VII 2 sqq.), sed etiam Demosthenes (Aesch. 3, 83), quorum uterque etiam, ut arbitrium (*ἡ κρίσις*) de Halonneso reiceretur, suaserant, cuius rei in eadem § 14 Philippus Athenienses accusat.

Dixerit quispiam, idque fortasse suo iure, Demosthenem § 79 omnes res a se gestas, quarum Philippum non mentionem fecisse dicit quaeque in epistula nobis tradita revera non commemorantur, enumerare. Restant autem expeditiones illae [2]), ex quibus certe unius sc. illius, cui Diopithes praeerat, Philippus saepe in epistula tradita mentionem facit. Sed quocumque modo res se habet, graviora possunt afferri argumenta. Primum autem quaerendum est, quo tempore epistula a Philippo missa sit, qua Atheniensibus bellum indixit.

Bellum exarsisse navibus onerariis Atheniensium a Philippo captis constat: XVIII 72 *καὶ μὴν τὴν εἰρήνην γ' ἐκεῖνος ἔλυσε τὰ πλοῖα λαβών, οὐχ ἡ πόλις*. cf. 139. Quae res Perintho oppugnata, cum Philippus Byzantium obsideret, facta est. Justinus enim dicit IX 1, 5: Philippus longa obsidionis (sc. Byzantii) mora exhaustus commercium de piratica mutuatur. Captis itaque CLXX (CLXXX?) navibus mercibusque distractis anhelantem inopiam paululum recreavit. Quibuscum ea, quae Philochorus narrat [3]), comparanda sunt: Charetem se ad Ochi imperatorum concilium contulisse, naves onerarias apud Hieron [4]) reliquisse. Philippum *εἰς τὸ πέραν ἐφ' Ἱερὸν* transiisse, du-

---

1) IX 71 cf. § 76 *ταῦτα λέγω, ταῦτα γράφω*. X 33 sqq.

2) *ἀποστόλους ἀπέστειλα, καθ' οὓς Χερρόνησος ἐσώθη καὶ Βυζάντιον καὶ πάντες οἱ σύμμαχοι*.

3) Did. 10, 54 sqq. 4) Arr. *περιπλ*. 12, 1.

centis triginta navibus captis lignis *πρὸς τὰ μηχανώματα* usum esse. Epistulam, cum Philippus Byzantium obsideret, scriptam esse etiam ex orationis Anaximeneae § 5 sq. (Dem. XI) apparet. Cum Philippus Byzantium autumno 340 vel hieme 340/339 obsidere inciperet et urbem usque ad ver 339 [1]) oppugnaret, l o n g a autem obsidionis mora exhaustus commercium de piratica mutuaretur, navibus captis Athenienses Philippi epistula accepta bellum indicerent, Philippi epistulam vere 339 missam esse verisimile est. Tenendum est epistulam post Perinthum oppugnatam missam esse.

Valde miramur, quod in epistula res, ex qua bellum exarsit, (sc. naves captae, de quibus sine dubio Athenienses conquesti sunt) ne uno quidem verbo perstringitur.

Praeterea: in epistulae § 2 sqq. rex conqueritur de Diopithe, duce Atheniensium. Si rex habebat, cur Diopithem accusaret, Diopithes eo tempore, quo litteras scripsit, cum exercitu in Chersoneso versabatur. Nam si imperator multatus esset, quam rem Athenienses Philippo amici summo cum studio moliebantur, Philippus dicere non potuisset: *καὶ ταῦτα τῶι δήμωι συνδοκοῦντ' ἐποίησεν* (§ 3). Diopithem autem mihi quidem ex Philochoro a Dionysio Halicarnassensi laudato [2]) apparere videtur non ultra annum Pythodoti (343/2) exercitui praefuisse. Dionysius enim de oratione quadam, quae fertur Dinarchi, dicit: *Διοπείθους ἔτι περὶ Ἑλλήσποντον τοῦ τῶν Ἀθηναίων στρατηγοῦ διατρίβοντος εἴρηται ὁ λόγος, ὡς ἐξ αὐτοῦ γίνεται φανερόν· ἔστι δ' ὁ χρόνος κατὰ Πυθόδοτον ἄρχοντα, ὡς δηλοῖ Φιλόχορος σὺν τοῖς ἄλλοις < τὰς Ἀτθίδας συγγράψασιν, εὑρίσκεται > δ' ὁ ῥήτωρ ἐπὶ τούτου τοῦ ἄρχοντος οὐδέπω εἰκοστὸν ἔχων ἔτος.* Oratio igitur, quippe quae Diopithe imperatore habita sit, non infra annum 343/2 habita esse potuit. Annis ergo sequentibus exercitui Chersonesiaco non praeerat. Dionysius ergo apud Philochorum invenit aliquid, ex quo Diopithem non infra annum 343/2 imperatorem fuisse apparebat. Pro certo haberi potest Theophrasto eponymo 340/39 in Chersoneso non Diopithem, sed, ut ex Didymi col. 10, 50 sqq. apparet, Charetem summae imperii praefuisse, quod vel anno 341/40 factum esse tituli cuiusdam testimonio constat (CIA II 116):

Ἐπὶ Νικομάχου ἄρχοντος κτἑ. . . . . . εἶναι καὶ τοῖς Ἐλαιουσίοις τὰ αὐτὰ ἅπερ ὁ δῆμος ἐψήφισται τοῖς Χεῤῥονησίταις, τὸν δὲ στρατηγὸν Χάρητα ἐπιμεληθῆναι αὐτῶν ἐν τρόπωι τῶι αὐτῶι, ὅπως ἂν ἔχοντες Ἐλαιούσιοι τὰ ἑαυτῶν ὀρθῶς καὶ δικαίως οἰκῶσι μετὰ Ἀθηναίων ἐν Χεῤῥονήσωι κτἑ.

---

1) Kromayer, Straßb. Festschrift 1901 p. 220.

2) *περὶ Δεινάρχου* c. 13 p. 320 ed. Usener-Radermacher.

Eadem res apparet ex CIA II 808c, 82 et 809d, 220.

Sed etiam si ponamus Diopithem anno 342 nondum Athenas revertisse, multae oriuntur difficultates. § 3 conqueritur de Diopithe, quod in Thraciam irruperit terramque vastaverit. Eodem modo eundem imperatorem in Thraciam invasisse in Demosthenis oratione VIII scriptum legimus Philippumque ea de re litteris anno 343/2 conquestum esse et ex Libanii argumento et ex ipsa oratione apparet. Schaeferus [1]) et in Demosthenis oratione et in Philippi litteris de eadem agi irruptione putat. Sequitur, ut Philippus de eadem re bis conquestus sit, si modo epistula nobis tradita anno 339 scripta est. Praetermisisset ergo rex, qui quanto studio incusandi causas indagaverit, ex § 16 apparet, novam incusandi occasionem. Exspectamus enim regem dicere, quamquam iam duobus annis ante ea de re Athenienses incusaverit, tamen Athenienses Diopithem non multasse [2]). Aut Diopithes bis in Thraciam irrupit et Philippus litteris de irruptione paulo ante facta conqueritur. Quae si ita essent, Philippus certe dixisset Diopithem iam prius eodem modo pacem foedusque secum factum rupisse.

Accedit altera difficultas. § 11 scribit rex: *Καρδιανοῖς δέ φημι βοηθεῖν γεγονὼς αὐτοῖς πρὸ τῆς εἰρήνης σύμμαχος κτἑ.* Eadem verba Philippus in litteris, quarum Demosthenes in orationibus VIII et IX et X mentionem facit, scripserat: VIII 16 *εἴγ᾽ ἐκ τῆς ἐπιστολῆς δεῖ σκοπεῖν ἧς ἔπεμψε πρὸς ἡμᾶς, ἀμυνεῖσθαί φησι τοὺς ἐν Χεῤῥονήσωι*; 64 *οὐ νῦν τὴν πόλιν τὴν Καρδιανῶν ἔχει καὶ ὁμολογεῖ* (= X 65); IX 16 *εἰς Χεῤῥόνησον ξένους εἰσπέμπει καὶ βοηθεῖν ὁμολογεῖ καὶ ἐπιστέλλει.* Id quod ante tres annos fecerat et se fecisse concesserat, anno 339 denuo nullo verbo explicandi causa addito concessit? Minime!

Tertium argumentum addatur: § 18 sqq. dicit rex se legatos *ἀπὸ τῆς συμμαχίας πάσης* Athenas misisse, condiciones autem, quas tulerint, ab Atheniensibus non acceptas esse. Weilius (in adnotat. ad XII 18 ascripta) suo iure censet agi de legatis a Philippo et Peloponnesiis missis, contra quos et Hegesippum et Demosthenem orationes scripsisse vidimus. Nonne mirum est, quod Philippus de ea re anno 340/39 conqueritur, de qua anno 342 queri ei licebat?

Quibus ex difficultatibus equidem emergere non possum nisi pono orationes VIII et IX, postquam epistula in corpore Demosthenico servata Athenas missa est, a Demosthene scriptas esse. Litteras ergo, quarum in orationibus illis mentio fit, in manibus habemus.

Quid enim ex oratione VIII discimus? Cum Demosthenes oratio-

---

1) II[2] 452 sqq.

2) cf. quae dicit rex § 15: *ταῦτα δ᾽ ἐμοῦ πολλάκις ἀξιοῦντος ὑμεῖς μὲν οὐ προσείχετε* cf. fin. § 16 et § 18.

nem VIII scriberet, tanta in simultate erant Athenienses et Philippus, ut orator quidam in senatu (βουλῇ) dixisset ὡς ἄρα δεῖ τὸν συμβουλεύοντα ἢ τὸ πολεμεῖν ἁπλῶς ἢ ἄγειν τὴν εἰρήνην συμβουλεύειν [1]), quod ipse Demosthenes non negat, immo dicit nihil esse reliquum nisi ἀμύνεσθαι τὸν εἰς ἡμᾶς ἄρξαντα [2]). Philippus ergo litteris illis, in quibus se Cardianos adiuvisse concesserat, minatus erat se Atheniensibus bellum illaturum esse (cf. ὑμῖν δ' ἀπειλεῖν ἤδη sc. Philippum VIII 62), nisi sibi postulanti satisfacerent. Unam rem, de qua actum est, ex § 8 cognoscimus: Diopithem cum exercitu in Thraciam invasisse. Demosthenis adversarii, ut pax cum Philippo facta servetur, i. e. ut Diopithes revocatus multetur, postulant. Ex ipsa ergo oratione idem concludendum est, quod Libanius in argumento narrat, populum Atheniensium in contionem, in qua Demosthenes orationem VIII habitam esse fingit, ut de epistula Philippi deliberaret, convocatum esse. Eandem epistulam nunc in corpore Demosthenico scriptam legimus [3]).

Qua de re quamquam equidem dubitare non possum, pauca tamen, quae opponi possint, refellenda sunt. Fortasse quaerat quispiam, cur Demosthenes, cum oratione VIII, ut ita dicam, ad Philippi litteras respondeat, non etiam de aliis rebus, quas Philippus contra Athenienses profert, agat refellatque id, quod rex incuset, eodem modo atque Hegesippus in oratione περὶ Ἁλοννήσου habita. Si Demosthenis oratio VIII in contione habita esset, sane exspectaremus oratorem ad ea, quae rex scribit, singillatim respondere, ut Hegesippum [4]). Sed inter viros doctos constare videtur [5]) Demosthenis contiones non habitas esse, sed libellos esse in vulgus editos, quos nostro sermone Flugschrift vel Pamphlet appellamus. Demosthenis adversarii, quibus persuasum erat pace a Diopithe scelestissime violata bellum exarsurum esse, animos multitudinis concitaverant ac inflammaverant, ut Diopithes multaretur. Accusabant, quod δεινὰ ποιοῦσι οἱ ξένοι (Diopithis) περικόπτοντες

---

1) VIII 4. 2) VIII 7.

3) Ex Demosthenis verbis supra allatis (VIII 4—7) et scholio Aesch. 3, 83 (. . . . ἐπὶ Πυθοδότου ἄρχοντος . . . . ὑποπτευομένης λυθήσεσθαι τῆς πρὸς Φίλιππον εἰρήνης . . . .) Diopithem revocatum esse mihi apparere videtur. Suo iure Demosthenes et eius adversarii putabant pace rupta nihil Atheniensibus deliberandum esse nisi, bellumne gerendum an pax servanda esset. Si bellum gerendum sit, Diopithi in Chersoneso manendum esse. Sin minus, Diopithem revocandum et multandum esse. Et equidem nescio, quomodo Philippus pace a Diopithe scelestissime rupta pacem gerere potuerit? Nos scimus bellum paucis annis post exarsisse. Cum 342 vitatum sit, Diopithes revocatus est.

4) cf. Schwartz Festschrift f. Mommsen p. 43.

5) Schwartz l. c. p. 40sqq. Wilamowitz, Griech. Litt. p. 73.

τὰ ἐν Ἑλλησπόντωι[1]), *Διοπείθης ἀδικεῖ κατάγων τὰ πλοῖα*[2]), *μέλλει πολιορκεῖν τοὺς Ἕλληνας ἐκδίδωσι*[3]). Videmus unam ex multis fuisse exprobrationem adversariorum, quae Philippi epistula nitebatur, sc. *Διοπείθην πεποιηκέναι τὸν πόλεμον*. Non tam, ut ea, quae rex incusaverat, refelleret, quam ut tumultum ab adversariis civitati iniectum sederet, Demosthenes libellum composuit. Dicit tantum abesse, ut adversarii, quid scelesti Diopithes commiserit, curent, ut per causam Diopithis multandi exercitum dimittant Philippoque facultatem rei in Thracia et Chersoneso bene gerendae dent[4]). Nos autem revera libellum neque orationem in manibus habere vel ex ultima orationis parte discimus. Nullo enim modo fieri potuit, ut Demosthenes tot verbis (tertia orationis parte!) adversarios aggrederetur eoque minus, quod ea, quae profert, ad res in contione tractandas omnino non pertinent.

Quamobrem autem Philippum Amphilochi legati causa incusavisse (§ 3) ne uno quidem verbo commemoret, non difficulter intellegimus. Tam enim sceleste Diopithem contra ius divinum et humanum peccavisse apparet, ut Demosthenes ad culpam eius diluendam nihil proferre posset. Eodem modo paucis annis ante in prima Philippica, quae vocatur, oratione multa et gravissima crimina Charetis silentio praetermittens leviora defendit[5]).

Relinquitur, ut gravissimum, quod contra me aliquis afferat, argumentum refellam. Dixerit quispiam, cum rex § 6 scribat . . . . . *καὶ πρὸς τὸν Πέρσην πρέσβεις ἀπεστάλκατε πείσοντας αὐτὸν ἐμοὶ πολεμεῖν* et constet[6]) ab Atheniensibus vere 342 vel paulo ante legatos ad regem Persarum non missos esse et Demosthenem or. VIII—X postulare, ut legati mittantur, verisimile esse orationibus VIII—X habitis legatos Demosthene legem ferente Susam missos esse eaque de re Philippum conqueri. Inde apparere epistulam post orationes VIII—X habitas scriptam esse. At primum dicendum est ex verbis § 6, quae supra attulimus, apparere Athenienses ad Persam legatos misisse foederis ad bellum ultro inferendum ineundi causa (Offensivbündnis) Philippumque conqueri, quod Athenienses Ochum contra se accenderint. At res plane alia ex § 7 apparet. Philippus queritur, quod Athenienses de *ἐπιμαχίαι* egerint (*διαλέγεσθαι περὶ τῆς ἐπιμαχίας*.) Quid *ἐπιμαχία* sit, ex Thuc. I 44 apparet: *μετέγνωσαν Κερκυραίοις ξυμμαχίαν μὲν μὴ ποιήσασθαι, ὥστε τοὺς αὐτοὺς ἐχθροὺς καὶ φίλους νομίζειν. . . . . ἐπιμαχίαν δ' ἐποιήσαντο τῆι ἀλλήλων βοηθεῖν, ἐάν τις ἐπὶ Κέρκυραν ἴηι ἢ Ἀθήνας ἢ τοὺς τούτων ξυμμάχους.* Queritur ergo Philippus hoc loco de foedere, quod ad bellum depellendum initur. Caveamus igitur,

---

1) VIII 9. 2) VIII 9 cf. 28. 3) VIII 27. 4) VIII 13 sqq.
5) cf. Schwartz l. c. p. 47 sq. 6) Dem. X 31 sq.

ne Philippi verbis nimiam fidem tribuamus. Tum autem vidimus revera inter Athenienses et Persas inde ab anno 346 usque ad annum 344/3 [1]) sive de societate ineunda sive de amicitia gerenda actum esse eaque de re Athenienses unam saltem legationem ad Ochum misisse. Concedendum est semper Ochum primum, et non Athenienses, iis de rebus agere conatum esse. Sed non miramur, quod is, qui in Chersonesum Atheniensibus subactam cum exercitu pacem rumpens ingressus, quod cleruchi Attici eum per terram suam proficisci prohibere conati sunt, conquestus erat, res ita detorquet atque confundit, ut Athenienses primi de foedere ad bellum Philippo inferendum ineundo egisse videantur.

Mihi quidem hoc argumento epistulam anno 340/39 scriptam esse confirmari non videtur. Immo, valde mirarer, quod Philippus Byzantium oppugnans nihil nisi *πρέσβεις ἀπεστάλκατε πείσοντας αὐτὸν ἐμοὶ πολεμεῖν* scripsisset. Addere potuit Athenienses revera regi Persarum persuasisse, ut satrapas auxilio mitteret, seque a satrapis Persicis Perinthi obsidionem solvere coactum esse [2]). Vidimus enim epistulam, qua Philippus bellum indixit, tum scriptam esse, cum oppugnatione Perinthi dimissa Byzantium obsidebat.

Quod ex epistulae § 2 et 16 eo tempore Philippum cum Byzantiis etsi non bellum gessisse, at certe in simultate fuisse apparet, Demosthenes rem passim perstringit: VIII 14; VIII 66 *Φιλίππου . . νῦν ἐπὶ Βυζάντιον παριόντος* IX 34 *καὶ νῦν ἐπὶ Βυζαντίους πορεύεται συμμάχους ὄντας*. Si epistulam anno 342 scriptam esse recte statuimus, qua via contra Byzantios inde ab Hebro flumine profectus sit, dici potest. Ex § 16 sq. enim Philippum per Chersonesum iter fecisse apparet. Qua re, quae de epistulae traditae tempore enucleavimus, optime confirmantur. Ex Duride enim constat [3]) Philippum anno 343/2 in Chersoneso versatum esse. Narravit enim rerum scriptor Philippum, cum Cardiam pervenisset, Eumenem secum abduxisse eumque per septem annos usque ad Philippi mortem regis scribam fuisse. Cum Philippum anno 336/35 mortuum esse constet [4]), rex anno 343/2 Eumenem secum abduxit eodemque anno Cardiae versatus est.

---

1) Ochi legationem vere 343 Athenas pervenisse infra videbimus.
2) [Dem.] XI 5; Arrian 2, 14, 5 cf. Diod. 16, 75 sq.
3) Plut. Eum. c. 1. Nepos Eum. c. 1 et 13.
4) cf. Schaefer III² 69, 1.

putabat. (Orationem rereva 352 vel 351 scriptam esse vidimus.) Neque aliter de oratione pro Megalopolitanis habita iudicandum est. —

2. De decadarchia Thessalica. Ex eo, quod Demosthenes in oratione VI 22 Philippum in Thessalia decadarchiam constituisse narrat, in oratione autem IX 26 τετραρχίαι commemorantur, viri docti, imprimis Schaeferus[1]), concluserunt Philippum anno 344/3 (referunt ea, quae Diodorus 16, 69 de tyrannis expulsis narrat ad Dem. VI 22) Thessalis decadarchiam imposuisse, 343/2 autem tetrarchiam constituisse. Qua de re cum multi viri docti inde a Reiskio dubitaverint, nunc aliquo modo certius iudicare posse videmur. Primum miramur, quod, cum de tetrarchiis a Philippo constitutis et multa alia tradita sint et nomina sc. tetrarchiarum[2]) et tetrarchorum[3]), δεκαδαρχία ne uno quidem loco praeter Dem. VI 22 commemoratur. Praeterea veteres grammatici neque apud alium illorum temporum scriptorem neque apud Theopompum quicquam de tetrarchia traditum inveniebant. Harpocratio enim s. v. δεκαδαρχία dicit: Φίλιππος μέντοι παρὰ Θετταλοῖς δεκαδαρχίαν οὐ κατέστησεν, ὡς γέγραπται ἐν τῶι ς' Φιλιππικῶι Δημοσθένους, ἀλλὰ τετραρχίαν. Nos cum orationem VIII vere 342 habitam esse, Philippum ergo 343 in Thraciam profectum esse, vere 343 et or. VI et VII habitas esse, Philippum ergo 344/3 tetrarchias Thessalicas constituisse viderimus, quaerimus, quando Philippus decadarchiam constituere potuerit? Rem ante annum 344/3 factam esse putare propter Diodorum 16, 69 non licet. Suo ergo iure Reiskius VI 22 *ΔΑΡΧΙΑΝ* in veteribus manuscriptis traditum a scribis vel grammaticis non recte δ(εκαδ)αρχίαν suppletum esse coniecisse videtur. cf. IX 26, quo loco scribae traditum *ΔΑΡΧΙΑC* partim (*ΣΙ*) recte pro τετραρχίας partim minus recte pro τετραδαρχίας interpretati sunt. —

3. De concilio Graecorum (anno 340). Schaeferus cum orationes VIII—X vere 341 habitas esse censeat, legationem, quae, ut in Peloponnesum mittatur, Demosthenes illis orationibus postulat, anno 340 factam esse et de foederibus ineundis 16. die Anthesterionis 340 actum esse putat. Cum nos orationes anno 342 habitas esse viderimus, de eo, quod Schaeferus sentit, disputandum erit, eo magis, quod Beloch ab eo dissentit[4]) et nunc res aliquo modo certius diiudicari potest. Beloch legationem ab Aesch. 3, 94 sqq. commemoratam eandem esse censet atque illam, quae ut mittatur, Demosthenes in or. VIII—IX proponit quaeque revera vere 342 (schol. Aesch. 3, 83) missa est. Quae

---

1) II² 345 sq. et 430 sq.

2) Harpocr. s. v. τετραρχία: Θεσσαλιῶτις, Φθιῶτις, Πελασγιῶτις, Ἑστιαιῶτις.

3) quos et Theopompus et Demosthenes commemorant. cf. Harp. s. v. τετραρχία et Εὔδικος. Dem. XVIII 48 et 295.

4) Att. Pol. p. 369.

equidem probare non possum. Primum enim constat, priusquam Callias Athenas venit ibique de societate ineunda egit, Athenienses cum Chalcidensibus foedus iniisse[1]). quod, ut nunc ex Philochoro apparet, anno 342/1 factum est[2]). Tum autem demonstrari potest Schaeferum suo iure coniecisse de rebus ab Aesch. 3, 95 commemoratis anno 341/0 actum esse. Nam ex Aesch. 3, 103 constat Orei illis temporibus omnem vim penes populum fuisse, Eretriae autem Clitarchum regnasse. Oreus mense Junio 341 liberata est[3]). Clitarchus anno 341/40 expulsus est[4]), postquam per breve temporis spatium cum Atheniensibus societate coniunctus erat. Cum mensem Anthesterionem ab Aesch. 3, 98 commemoratum nemo anno 339 adscribat, apparet Clitarchum, quippe qui cum Atheniensibus foedus inierit, autumno vel ineunte hieme anni 341 regno eiectum esse et diem concilii in 16. Anth. 340 constitutam esse, ut Schaeferus recte coniecit. Sequitur, ut Demosthenes nuper (cf. Aesch. 3, 97) ex Peloponneso Acarnaniaque reversus aestate anni 341 legatus fuerit.

4. De Androtione. Virorum doctorum animos advertere liceat in Didymi verba, quae exstant col. 8, 14 sq.: *ἀφηγοῦνται ταυτα* (sc. legationes, quae anno 344/3 Athenas pervenerunt) *Ἀνδροτίων, ὃς καὶ τότ' εἶπε, καὶ Ἀναξιμένης*. Didymus ergo vel Hermippus apud Androtionem scriptum legit anno 344/3 legationes illas Athenas pervenisse ipsumque Atthidis scriptorem, cum Athenienses de condicionibus a legatis latis egissent, orationem habuisse. Inde primum apparet Androtionem rhetorem eundem esse atque annalium librorum scriptorem, quod, quamquam ex Zosimo[5]) et Plutarcho[6]) apparebat, Müllerus[7]) negavit. Tum Androtionem post annum 344/3 neque post annum 346[8]) in exilium eiectum esse resque ab Atheniensibus gestas usque ad annum 344/3 narravisse apparet.

VII. Summarium.

Post pacem Philocrateam 346 factam Philippus, quippe qui sibi cum Atheniensibus pacem et amicitiam non perpetuam fore intellexerit, belli fortunam non prius temptandam esse cognovit, quam et res Threicias ita constituerit, ut, cum summis de rebus adversus Athenienses

1) Aesch. 3, 91 sqq.
2) Did. 1, 15 sqq. (neque 343/2 cf. Schaefer II² 423).
3) Did. 1, 15 sqq. 4) Did. 1, 19 sq.
5) vita Isocr. p. 527 ed. Westermann. 6) de exilio 14 p. 605ᵉ.
7) H. G. F. I. p. LXXXIII. 8) Schwartz P.-W. s. v. Androtion.

decertaturus sit, non Thraciae motu impediretur, et omnes Graeciae civitates sive subegerit sive foederibus sibi conciliaverit, ita ut Athenienses a sociis relicti sibi minus facile resisterent. Quam rem popularium duces cum timerent, et pro sua parte civitates Graeciae secum conciliare conabantur et, priusquam regis auctoritas nimium apud Graecos valeret, res ad arma deduci studebant.

Anno 344/3 Philippus contra Dardanos et Triballos bellum gessit[1]). Eodem anno in Epirum profectus Atheniensium amicum et civem[2]) Arybbam regno eiecit, Alexandrumque fratrem uxoris regem constituit. Athenienses, quod Philippus usque ad Graeciae fines profectus erat, aegre tulisse consentaneum est. Quamobrem Philippus Atheniensium animos concitatos placabat. Itaque operam dedit, ut Amphictiones Delphici, cum Athenienses et Delii de Apollinis templo certarent, concilio autumno 344 facto secundum Athenienses controversiam diiudicarent. Paulo post Python aliique regis legati Athenas pervenerunt, qui, ne oratores populum in Philippum instigarent, prohiberent. Si in pacis condicionibus aliquid perperam scriptum videretur, id corrigere iussit[3]). Hieme 344/3 vel primo 343 vere in Thessaliam profectus tetrarchias constituit. Iisdem temporibus vel paulo ante urbibus Eretriae et Oreo tyrannos sibi deditos praefecit. Terras ergo usque ad Graeciae fines sitas anno 344/3 subegerat. Sed iam eo tempore, cum in Epiro versabatur, Peloponnesios in potestatem suam redigere conatus erat. Argivos Messeniosque, qui pro libertate contra Lacedaemonios dimicabant, adiuverat auxiliaque miserat, Eleorum illi, qui ei studebant, vicerant, quin etiam eum in Peloponnesum transiturum esse omnes Peloponnesii putabant.

Philippi consiliis populares Athenienses, qui tum magis quam divites valebant, resistebant. Legationi Pythonis responderunt legatosque, quorum unus Hegesippus fuisse videtur[4]), ad regem miserunt, qui postularent, ut utrique, Athenienses et Philippus, sua tenerent (neque ut tenerent, quae tenuissent). Athenienses ergo, ut rex sibi Amphipolin redderet, poposcerunt. Tum legati rogabant, ut Graeci, qui foedere non continerentur, liberi essent suisque legibus uterentur, et si quis eis bellum inferret, illis foederati auxilium ferrent. Praeterea Athenienses eodem anno 344/3 Demosthenem, Hegesippum, Polyeuctum aliosque legatos in Peloponnesum miserunt, qui Peloponnesios a Philippo abalienare pacemque inter Messenios eiusque socios et Lacedaemonios conciliare conarentur. Cum Philippus illos auxiliis missis adiuvisset, legatos non multum assecutos esse consentaneum est.

---

1) Diod. 16. 69. 2) *CIA* 115. 3) VII 22.
4) XIX 331.

Ipso vere 343 rex ad Atheniensium legationem responsa dedit eaque mitia et indulgentia, quamquam Athenienses, qui, ut Amphipolin redderet, postulaverant, iram regis gravissime lacessiverant. Rex enim, quippe qui in Thraciam profecturus esset, res ad arma deduci nolebat. Quamobrem ita respondit, ut temerarii belli agitatores non haberent, cur regem criminarentur animosque Atheniensium in eum incitarent. Ut de Halonneso, quam insulam Atheniensibus se daturum esse dixerat, de urbibus, quas a rege post pacem factam expugnatas esse Athenienses dicebant[1]), de Cardia[2]) ab arbitris constituendis diiudicaretur, rogavit. Quin etiam, ut de commercio aliquid constitueretur, proposuit[3]). Eum Amphipolin, urbem gravissimis belli molestiis expugnatam, non reddidisse consentaneum est. At priusquam in Thraciam abiret, Atheniensibus in ipsa Graecia difficultates afferre conabatur. Accepit enim id, quod Athenienses postulaverant, ut Graeci, qui foedere non continerentur, liberi essent, remque in usum suum convertit. Simul enim cum Philippi legatis Messeniorum Argivorumque legati Athenas pervenerunt, qui populum criminarentur, quod Lacedaemoniis Peloponnesum opprimentibus faveret, sibi autem de libertate dimicantibus adversaretur. Non sine causa Hegesippus, ut Athenienses rem a se ipsis propositam recusarent, suasit (30 sqq.) neque legationes Peloponnesiacas uno verbo perstrinxit. Populares assecuti sunt, ut Athenienses omnes condiciones a Philippo propositas recusarent[4]). Philippus cum bellum indicere nollet, agendi finem fecit seque in Thraciam contulit.

Populares quamquam omnibus viribus bellum moliti erant, rem non assecuti novam viam ingressi sunt. Diopithes anno 343/2 ducibus popularium, ut videtur, consciis pacem rumpens in Thraciam invasit et contra ius divinum et humanum legatum et nuntium Philippi intercepit. Philippus quamquam totam Thraciam in suam potestatem nondum redegerat — terra usque ad Hebrum et Tonzum flumina subacta contra Byzantios proficiscebatur —, se Atheniensibus bellum illaturum esse, nisi sibi satisfacerent, scripsit (vere 342). Ultimum divites, ut pacem conservarent, assecuti sunt. Diopithes anno 342/1 non denuo imperator factus est. Tamen prohibere non potuerunt, quin Chares, cui populares favebant, in Hellespontum mitteretur.

Athenienses belli periculo perterriti intellexisse videntur se, cum omnes Graeciae civitates Philippi amicitiam sequerentur, infirmiores esse, quam ut bellum suscipere possent. Quamobrem denuo civitates Graecas sibi conciliare conabantur. Ipso vere 342 in Peloponnesum legati miserunt, quin etiam foedus cum Philippo ictum frangere ausi

1) VII 36 sq. 2) VII 39 sq. 3) VII 9 sqq.
4) ep. Phil. 18 sqq.

sunt et Magnetes Thessalosque Philippi socios ad defectionem sollicitaverunt[1]). Peloponnesii ab amicitia Philippi, qui in Thracia versatus usui esse non videbatur, desciscere non dubitabant, dummodo Athenienses se contra Lacedaemonios dimicantes adiuvarent. Quo factum est, ut mense Junio 342 Athenienses et Arcades et Argivi et Megalapolitae et Messenii foedus inirent, cui se adiunxerunt Corinthii, Thebani, Locri, Achaei, Byzantii[2]), ita ut 16. die mensis Anthesterionis 340 Athenis concilium foederatorum fieret.

Philippus, qui vere anni 342 contra Byzantios profectus erat, in Thraciam septentrionalem et fortasse trans Haemum abire coactus esse videtur[3]). Quod rex bello Threicio implicatus erat, in usum suum Athenienses conferebant, ut Euboeae urbes secum conciliarent. Anno 342/1 foedus cum Chalcidensibus factum est, quibuscum mense Junio 341 Oreum liberaverunt. Cum Clitarcho Eretriensi primum foedus inierunt, tum, quod eis non obtemperavisse videtur, autumno 341 tyrannum expulerunt.

Vere 339 navibus onerariis a Philippo captis bellum exarsit.

---

1) Aesch. 3, 83 cf. schol. 2) vita X or. p. 851[a].

3) cf. Schaefer II[2] 449 et quae de Polyaen. 4, 2, 20 dicit p. 518, 2.

Vita.

Natus sum Carolus Fridericus Curtius Stavenhagen in Curoniae oppidulo, quod est Tuckum, anno MDCCCLXXXIV a. d. VIII. Kal. Jan. patre Carolo, matre Julia e gente Worms. Fidei addictus sum euangelicae.

Primis litteris Mitaviae et Rigae in scholiis privatis imbutum ludis Germano-Balticis pessumdatis pater me vere MCMII Brunsvigam emisit. Ibi egregia benevolentia rectoris Dauberi magistrorumque factum est, ut gymnasium, quod nunc Guilelmeum appellatur, absolverem. Autumno MCMIII maturitatis testimonio instructus vere MCMIV Gottingam me contuli. Docuerunt me viri doctissimi: Brandi, Busolt, Dilthey †, Kielhorn, M. Lehmann, Leo, L. Meyer, Pfuhl, E. Schwartz, Viertel, Wackernagel, Wellhausen. Seminarii philologorum per tria semestria fui sodalis, quorum per unum senior. Ad exercitationes philologicas et grammaticas Wackernagel, ad historicas Busolt et Stein benigne me admiserunt.

Quibus viris doctis omnibus nec non ceteris, qui studiis meis favebant, gratias ago quam maximas. Imprimis me sibi devinxerunt cum Leo et Wackernagel tum Schwartz, qui hoc in opusculo perficiendo optime mihi consuluit.